W0173691

SANSIBAR

herbert seckler

strand-küche

SANSIBAR

herbert seckler

strand-küche

Unter Mitarbeit von Martin Lagoda
Mit Fotos von Nikolai Buroh

die originalrezepte
der legendären
sansibar

südwest°

Sansibar –
die Kultbar
in den Dünen

Inhalt

SANSIBAR®
N 54° 48' 52 E 08° 17' 05

Editorial – Liebe auf den zweiten Blick

Liebe Leserinnen und Leser,

ich weiß, es ist kein Ruhmesblatt meiner Biografie. Aber jeder hat eben seine ganz persönliche Verbindung zur Sansibar. Ich gebe zu: Als gebürtiger Pfälzer, über ein Vierteljahrhundert nachhaltig von bayerischer Ess- und Lebenskultur geprägt, hielt ich den Holzschuppen da oben im hohen Norden anfangs für eine ziemlich schräge Angelegenheit. Sehen und Gesehenwerden kannten wir doch alle bestens aus München, der Hochburg des Klatschs, und »Wer drin ist, ist in« galt jahrelang für Deutschlands angeblich beste Bar, das »Schumann's«. Einzig als ebenbürtig akzeptierten wir im Süden vielleicht noch das »Borchhardt« in der Nähe des Berliner Gendarmenmarktes, wo sich bekanntlich große Namen aus Politik, Wirtschaft und Medien die Klinke in die Hand geben. Über »Deutschlands nördlichste Skihütte« an der Nordsee konnten wir nur milde lächeln. Das ist allerdings einige Jahre her, und in der Zwischenzeit ist unglaublich viel passiert. Seit fast neun Jahren lebe ich an der Elbe, bin Chefredakteur des im wunderbaren Hamburg erscheinenden People-Magazins »Gala«, und Sie werden nicht glauben, was zu meinen ersten Initiationsriten im Norden gehörte: genau, ein Besuch in der Sansibar nebst Treffen mit Herbert Seckler, dem Kult-Wirt, der mit seinem schwäbelnden Tonfall selbst wie ein Exot auf der Insel wirkt. Wer den Mann kennt, weiß, was damals geschah – ich habe meine Ignoranz auf der Stelle abgelegt wie einen Ostfriesennerz beim Strandspaziergang in milder Brise.

Aber ist Sylt überhaupt noch norddeutsch? Nach den Siebzigern erlebte die Insel einen zweiten Boom in den Neunzigern, wurde nochmals vereinnahmt von den Reichen und Schönen, von Touristen aus ganz Deutschland, ach was: der Welt, die sich gern vom allgegenwärtigen Duft der Prominenz betören lassen. Und mittendrin, immer in Blue Jeans und Turnschuhen, der Herbert, der eigentlich so gar nicht zum Glamour-Image der Insel passt.

Vielleicht ist genau das sein Geheimnis. Sein Restaurant, mit den gekreuzten Piratenschwertern als Markenzeichen, ist längst das berühmteste Lokal hierzulande, auf Wochen ausgebucht. Viele planen ihre Sylt-Trips nach der Verheißung, einen freien Tisch in der Sansibar zu ergattern. Jetzt gilt hier: Wer drin ist, ist in. Umso erstaunlicher: Bei Herbert sind sie alle gleich. Stars wie Günter Netzer, Johannes B. Kerner, Thomas Gottschalk, Til Schweiger und Gunter Sachs sind für ihn auch nur Menschen. Also macht er

Die Sansibar hat sich in den vergangenen vier Jahrzehnten von der einfachen Imbissbude am Strand zum Kultrestaurant entwickelt. Dass sie das Herz so vieler – auch berühmter – Gäste erobern konnte, lag neben der exzellenten Küche sicherlich auch daran, dass sie sich ihr authentisches Sylter Flair bewahrt hat.

auch keinen Unterschied zwischen VIPs und »normalen« Gästen. Jeder wird gleichermaßen wertgeschätzt. Schließlich ist Sylt für ihn der schönste Fleck auf der Erde, den er nur ungern verlässt. Da sollen sich auch alle anderen wohlfühlen.

Selbst Neider müssen anerkennen: Dass sich seine Gäste wohlfühlen, das ist Herbert Seckler gelungen wie kaum einem Zweiten. Derweil ich ein weiteres Plus von Hamburg entdecken durfte: Ich bin im Nu auf Sylt, denn ich komme oft und gern dorthin, immer wieder.

Die Marke Sansibar dagegen ist überall anzutreffen, auf dem Festland wie in der Luft. Catering an Bord der Airlines Air Berlin und LTU und Piraten-Fashion in den Sansibar-Shops zählen genauso dazu wie exquisites Salz, feines Öl, würziger Balsamico und vieles mehr. Sie gehört längst zum guten Ton, steht für den Lifestyle von Trendsettern. Neulich schrieb mir einer: »Wenn ich schon das ganze Jahr nicht auf Sylt sein kann, möchte ich wenigstens ein Stück von dieser Welt immer bei mir haben.« Nicht nur er wird sich über dieses Kochbuch freuen.

In Alfred Anderschs Roman »Sansibar oder der letzte Grund«, der vor einem halben Jahrhundert erschien, geht es um fünf Menschen und den Traum von einer besseren Zukunft. Bei Andersch ist Sansibar ein utopischer Ort. Unsere Sansibar ist ein magischer Ort, eine Wirklichkeit gewordene Utopie, wo wir das Leben genießen und die restliche Welt vergessen können. Schließen Sie mal die Augen – riechen Sie schon das Meer?

Ihr
Peter Lewandowski
Chefredakteur Gala

Sansibar – die Kultbar in den Dünen

Neues entstehe nicht in der Mitte, immer nur in Grenzbereichen oder dann, wenn es brenzlig wird, sagen Philosophen. Bei Herbert Seckler wurde es 1982 besonders brenzlig. Damals brannte die Sansibar ab. Es war nichts mehr zu retten, und er, der Besitzer des kaum bekannten Strandrestaurants, stand ratlos vor rauchenden Resten. Es war die erste, die noch viel kleinere Sansibar, so unauffällig und einfach, wie es manche Holzhütten in den Dünen von Sylt heute noch sind. Wenn es mit dem Betrieb weitergehen sollte, musste er sich etwas einfallen lassen. Sein Gespür sagte ihm, hier wäre vielleicht der rechte Ort für ein etwas besseres, größeres Restaurant. Er müsse es nur richtig angehen. Er ließ sich auf das Wagnis ein, verschuldete sich bis zur Schmerzgrenze und baute die neue Sansibar. Damit brach auf der schon damals sehr beliebten Nordseeinsel eine neue Epoche an. Denn Leute wie Gunter Sachs, die schon in den Sechzigerjahren regelmäßig auf Sylt Urlaub und in den Zeitschriften jede Menge Schlagzeilen machten, kamen nun auch zum Essen. Und wo ein Gunter Sachs sich wohlfühlte, konnte es so schlecht nicht sein – eine einzigartige Geschichte nahm ihren Lauf.

Es ist die Story des jungen Kochs Herbert Seckler, der seiner Heimat, der schwäbischen Alb, Ade – auf Schwäbisch: Adele – sagte und 1974 mit 22 Jahren nach Sylt auswanderte. Zunächst arbeitete er in der Gastronomie in Westerland. Zwar nicht als Tellerwäscher, aber das Klischee des kleinen Mannes, der es mit unternehmerischem Mut, Hartnäckigkeit und dem Glauben an sich selbst später zu etwas Großem und Bedeutendem bringen sollte, war damit bereits erfüllt. Denn schon bald zeigte sich: Sylt war sein Ding, Sylt war seine Muse. Wenig später kaufte er sich einen Kiosk, der am FKK-Strand zwischen Rantum und Hörnum stand, und versorgte hungrige Urlauber mit Hausmannskost wie Würstchen und Suppe. Die Imbissbude trug den Namen »Sansibar«.

Ein folgenreicher Neubeginn

Nach eigenen Angaben war Herbert Seckler daraufhin erst einmal richtig pleite. Er musste sich über Wasser halten und schuftete deshalb außerhalb der Saison auf Butterschiffen. Dann ereignete sich

etwas, das rückblickend betrachtet seinen weiteren Weg ebenfalls maßgeblich mitbestimmte: Er lernte auf Sylt seine Frau Helga kennen. Sie kam aus Stuttgart, also ebenfalls aus dem Schwäbischen, und konnte vielleicht deshalb besser als andere Frauen erkennen, aus welchem Holz der Herbert geschnitzt war. Eigentlich hatte sie in Stuttgart die Schauspielschule besuchen wollen. Aber was sich auf Sylt anbahnte, war für sie so reizvoll, dass sie ihr künstlerisches Vorhaben zurückstellte (ebenfalls mit einem Adele).

Als dann das Feuer alles vernichtete, war die finanzielle Lage der beiden alles andere als glänzend. Die Schuldenwelle, die über sie hinwegrollte, hätte sie fast mitgerissen. Während er um die Finanzierung kämpfte – was alles andere als einfach war – und sich um den Wiederaufbau kümmerte, stellte sich seine Frau an den Herd. Zusammen mit einer Cousine brutzelte sie für die Touristen tagein, tagaus bis in die Nacht, damit das Konto nicht ganz auf Grund lief. »Es ging ums reine Überleben«, sagt er heute. Und damit will er nichts verklären: »Die Entstehung der Sansibar war keine tolle Geschichte. Ich war jung und dumm, hatte viel Arbeit, mehr war nicht.« Das klingt so simpel, wie es tatsächlich war.

Von Promis und kleinen Würstchen

Heute ist die Sansibar das meistbesuchte Lokal Deutschlands – auch im europäischen Vergleich wären die Aussichten auf Platz eins sicherlich nicht schlecht. In puncto Rang steht das Strandlokal als Anziehungspunkt auf Sylt nach dem glamourösen Kampen zwar auf Platz zwei – aber was sagt das schon. Tausende von Gästen stimmen jeden Tag mit ihren Füßen darüber ab, wer die wahre Nummer eins ist. Und die Prominentendichte nimmt es mit der in Kampen locker auf. Wie es dazu kam, dass sich immer mehr bekannte Persönlichkeiten nach der Sansibar durchfragten, lässt sich so ganz genau nicht mehr sagen. Herbert Seckler erzählt, einer der ersten berühmten Gäste sei Gunter Sachs gewesen. Und als sich das herumsprach, seien nach und nach immer mehr Leute von Rang und Namen gekommen. Und mit den Promis, die die Sansibar sehen wollten, kreuzten dann auch die vielen, vielen anderen auf, die wiederum die Promis begucken wollten.

Doch die Prominenz wäre wohl kaum immer wieder in der Sansibar an Bord gegangen, wenn es weiterhin nur Linsensuppe und Currywurst gegeben hätte. Bei dem Entwurf des Neubaus trat Herbert Secklers untrügliches Gespür für die richtigen unternehmerischen Entscheidungen ein weiteres Mal unübersehbar zutage. Dazu gehörte nicht nur die Konzeption des Betriebs als ernst zu nehmendes gastronomisches Unternehmen in technischer Hinsicht – aus kleinen Küchen kommen auch nur kleine Würstchen. Ihm schwebte ein Speisenangebot vor, das nicht nur zum Sattmachen gedacht war, sondern auch auf kulinarische Weise Freude machen sollte. Linsensuppe, Leberknödel und alle sonstigen Klassiker gibt es heute noch, die Portionen genauso groß und deftig wie ehedem. Dazu aber inszenierte er ein Gourmetprogramm: Als Vorspeise vielleicht eine

Ein Mann und sein Team: Mit unternehmerischem Gespür, aber auch Mut zum Risiko hat Herbert Seckler aus der Sansibar das gemacht, was sie heute ist.

satte Portion Kaviar zum Dom Perignon und anschließend Highlights wie Zander auf Champagnerkraut oder Loup de Mer mit Rindercarpaccio. Ein solches Angebot hatte es bis dahin noch nie in einer Strandbude gegeben. Und die Sansibar war fortan auch keine Strandbude mehr, jedenfalls keine der üblichen Art.

Der besondere Clou bestand darin, dass alle, die mittags und vor allem abends zum Essen ausgehen wollten, sich nicht mehr in den Maßanzug oder ins kleine Schwarze werfen mussten – jetzt konnten sie ihre Gummistiefel vom Strandspaziergang anbehalten und sogar ihren Hund mit an den Tisch nehmen. Nach außen hin gab sich die Sansibar unkompliziert und klassenlos, im Anspruch an das Wohlergehen der Gäste und an sich selbst jedoch ohne jeden Kompromiss. Die Entdeckung einer genialen Marktlücke! Und nicht erst seit der Gastronomiekritiker Gault Millau die Küche mit 13 Punkten auszeichnete, erreichte die Popularität der Sansibar unvorstellbare Ausmaße.

Wenn heute jemand für den Abend einen Tisch haben will, muss er sich möglicherweise ein ganzes Jahr gedulden – das Reservierungsbuch ist in der Regel restlos ausgereizt. Deshalb gibt es inzwischen Gäste, die einen Tisch zum nächstmöglichen Termin bestellen und dann, wie sie schon selbst erzählt haben, ihren Urlaub um den Termin in der Sansibar herumlegen. Und daran ändert auch die Tatsache nichts, dass es wie etwa in Amerika nach dem Mittagstisch um 18 Uhr eine Sitzung gibt und dann noch einmal eine um 20 Uhr.

Gourmetrestaurant mit exzellenter Weinkarte

Wer gern gut isst und dazu das Geld hat – die Sansibar ist zwar nicht gerade billig, aber durchaus erschwinglich; sie liefert nach Einschätzung der allermeisten Gäste ein gutes Preis-Leistungs-Verhältnis –, hat meist Lust auf einen guten Wein. Auch in diesem Punkt hatte der

einfallsreiche Inhaber den richtigen Riecher: Beim Neubau legte er unter der Hütte einen ausgedehnten Weinkeller an. Die Auswahl ist groß: Wer einen einfachen Wein möchte, kommt ebenso auf seine Kosten wie derjenige, der auf der Suche nach besonderen Raritäten ist. Weine, die die Gäste besonders mögen, gelangen in den Weinhandel – ein weiteres Kapitel im Erfolgsbuch von Herbert Seckler. Sansibar und Wein, Wein und Sansibar – beides bedingte sich von Anfang an gegenseitig, beides verschmolz zu einer Marke, zu einem unverwechselbaren Label.

Der Bekanntheitsgrad des Emblems mit den beiden gekreuzten Säbeln ist hoch – damit kann schon jedes Kind etwas anfangen. Aber wo kam es her? Wenn die Nordsee vor den Füßen beginnt und die Weltmeere nicht weit sind, liegt die Idee mit Säbeln eigentlich nahe. Aber es verhielt sich anders. Anfangs hätten sich ein paar Gäste, so erinnert sich Herbert Seckler, über die Preise gewundert, die im

Leger geht es zu in der Sansibar, die Gäste sollen sich wohlfühlen. Dass dahinter eine perfekt organisierte Küche steckt, in der Axel Henkel größten Wert auf Qualität legt, ahnt man spätestens, wenn man den ersten Bissen gekostet hat.

Vergleich zu den Preisen in anderen Strandlokalen auf Sylt als relativ hoch empfunden wurden. Als sich dann einmal jemand bei ihm laut beklagte, warum das Essen denn so teuer sein, habe er dem Gast geantwortet: »Wissen Sie nicht, dass Sie unter die Piraten gefallen sind?« Damit war das Logo geboren.

Der Doppelsäbel begegnet einem längst nicht mehr nur auf Sylt. In neun deutschen Städten bieten Sansibar-Boutiquen eine Vielzahl von Merchandising-Artikeln an, außerdem Food vom Senf bis zum Olivenöl und natürlich Wein. Doch wer die Sansibar wirklich entdecken will, pilgert besser persönlich hin.

Open

Air

Am Strand und unterwegs

So schmeckt Sylt unter freiem Himmel. Ob Party zwischen Gischt und Düne oder Picknicktour durchs Inselreich – Freiluftevents haben hier (fast) immer Saison. Und dazu locken Leckerbissen wie Lachs in der Grube oder knusprig-handliche Crab Cakes.

Feigen-Pickles
in Apfelessig mit Muskat und Zimt

Für 4 Personen

750 ml Apfelessig
450 g brauner Zucker
2 TL schwarze Pfefferkörner
5 Nelken
10 Pimentkörner
1 TL Muskatnuss, frisch gerieben
8 Lorbeerblätter
2 Zimtstangen
1 TL Salz
1,5 kg reife Feigen

1 Apfelessig, Zucker, Pfeffer, Nelken, Piment, Muskatnuss, Lorbeer, Zimt und Salz in einen Topf geben und zum Kochen bringen. 10 Minuten bei mittlerer Hitze kochen lassen.

2 In der Zwischenzeit die Feigen vorsichtig waschen und trockentupfen. Die Feigen in den Sud geben, die Hitze reduzieren und die Feigen bei geringer Hitze 1 Minute mitköcheln lassen.

3 Ein großes oder mehrere kleine Einweckgläser heiß ausspülen und die Feigen-Pickles mit dem Sud darauf verteilen.

TIPP Die Feigen-Pickles schmecken besonders gut zu allem Gegrillten, insbesondere zu Lamm, sowie zu Schmorgerichten. Sie können aber auch als Vorspeise zu Pata-Negra-Schinken genossen werden. Im Kühlschrank halten sich die Pickles etwa drei Monate.

Sashimi vom Kaisergranat
mit Korianderdressing und Sojadip

1 Für das Dressing den Koriander waschen und trockenschütteln. Die Blättchen vom Stängel zupfen und fein hacken. Die Schalotte abziehen und in sehr feine Würfel schneiden. Koriander, Schalotte, Limettensaft, Olivenöl und etwas Salz mit 2 Esslöffeln Wasser vermischen.

2 Für das Sashimi das Fleisch der Kaisergranat-Schwänze sehr fein schneiden, aber nicht hacken. Den Rettich schälen und in sehr feine Streifen schneiden. Den Römersalat in einzelne Blätter teilen, waschen und trockentupfen. Das Kaisergranat-Fleisch kurz im Dressing schwenken, mit dem Rettich vermengen und auf den Salatblättern verteilen. Mit etwas Chiliöl beträufeln und die Salatblätter zusammenrollen.

3 Für den Dip das Toastbrot entrinden und in der geklärten Butter goldbraun braten. Etwas abkühlen lassen und zerbröseln. Sojasauce, Orangensaft und Noilly Prat mischen, die Toastbrösel dazugeben und alles gut verrühren. Den Dip zu den Sashimi-Röllchen servieren.

TIPP Der im Atlantik, im Mittelmeer und in der Nordsee heimische Kaisergranat – auch Kaiserhummer, Norwegischer Hummer oder Schlankhummer genannt – gilt ebenso wie sein größerer Verwandter, etwa der Europäische Hummer, als Delikatesse. Den französischen Wermut Noilly Prat bekommen Sie mittlerweile auch in gut sortierten Supermärkten.

Für 4 Personen

Für das Dressing

1 Stängel Koriander
½ Schalotte
1 EL Limettensaft
1 EL mildes Olivenöl
Salz

Für das Sashimi

12 sehr frische, ausgelöste Kaisergranat-Schwänze
300 g weißer Rettich
2–3 Römersalatherzen
Chiliöl

Für den Dip

1 Scheibe Toastbrot
1 EL geklärte Butter (siehe S. 122)
125 ml dunkle Sojasauce
2 EL Orangensaft, frisch gepresst
1 EL Noilly Prat

Hummer mit Chili
auf einem Bett aus Vanilleschoten

Für 4 Personen

150–200 g geklärte Butter
(siehe S. 122)
100–200 ml Öl
8 Vanilleschoten
4 Chilischoten
2 Knoblauchzehen
2 Schalotten
2 EL Limettensaft, frisch gepresst
Salz
2 Hummer
einige Curryblätter
(aus dem Asialaden)
2 EL sehr feine Streifen unbehandelte
Limettenschale

1 Die geklärte Butter mit dem Öl verrühren, in einen Topf geben und erhitzen. Die Vanilleschoten längs aufschneiden und mit einem scharfen Messer das Mark herauskratzen. Schoten aufbewahren. Die Chilischoten längs halbieren, entkernen, putzen und waschen. Knoblauch abziehen und grob hacken. Schalotten ebenfalls abziehen und in Scheiben schneiden.

2 Vanillemark, halbierte Chilischoten, Knoblauch, Schalotten und Limettensaft in die Butter-Öl-Mischung geben. Etwas Salz einstreuen und so lange rühren, bis es sich aufgelöst hat.

3 In einem ausreichend großen Topf Wasser zum Kochen bringen. Die Hummer mit dem Kopf zuerst in das sprudelnd kochende Wasser geben, anschließend mit dem ganzen Körper 6 Minuten im Wasser garen. Hummer herausnehmen, längs halbieren und die Innereien entfernen.

4 Auf einem Backblech vier Stück Alufolie, die größer als die Hummer sind, mit jeweils 4 halben Vanilleschoten belegen. Den Hummer darauf setzen und mit der Würzbutter übergießen; dabei darauf achten, dass die Chilischoten gleichmäßig verteilt sind. Die Hummer mit Curryblättern und Limettenzesten belegen. Die Ränder der Alufolie hochklappen und die »Päckchen« etwa 10 Minuten auf dem Grill garen. Dabei immer wieder mit dem Sud übergießen.

TIPP Wenn gerade keine Grillsaison ist, können Sie die Hummerpäckchen auch auf der untersten Schiene im vorgeheizten Ofen – bei 200 °C Oberhitze, 180 °C Umluft oder Gas Stufe 3–4 – garen. Zu den Hummern passt Ananas-Salsa (siehe S. 146). Die Blätter der Currypflanze sind insbesondere in der südindischen Küche sehr beliebt und zeichnen sich durch einen frischen, leicht fruchtigen Geschmack aus.

Crab Cakes
mit Feldsalat und Grapefruits

1 Gambas und Fisch waschen, trockentupfen und durch die grobe Scheibe des Fleischwolfs drehen oder fein hacken. Die Minzeblätter waschen, trockentupfen und fein hacken. In einer größeren Schüssel Limettensaft, Cayennepfeffer, Salz, Pfeffer, Mayonnaise und Eier verrühren. Zwei Drittel des Paniermehls dazugeben und so lange weiterrühren, bis eine homogene Masse entsteht. Die gehackte Minze unterrühren und alles mit den Gamba- und Fischstückchen vermengen. 2 Stunden kalt stellen.

2 Den Feldsalat verlesen, waschen und trockentupfen. Die Grapefruits schälen – dabei die weiße Haut mit entfernen – und filetieren. Beim Filetieren den Saft auffangen und aufbewahren.

3 Für die Vinaigrette die Zwiebel abziehen und in feine Würfel schneiden. Mit Limettensaft, Öl und dem aufgefangenen Grapefruitsaft vermengen. Die Grapefruitfilets auf dem Feldsalat anrichten und mit der Vinaigrette beträufeln.

4 Aus dem Gamba- und Fischteig mit leicht geölten Händen kleine Küchlein formen und diese im restlichen Paniermehl wälzen. Öl in einer Pfanne erhitzen und die Crab Cakes darin auf beiden Seiten goldbraun braten. Mit dem Feldsalat-Grapefruit-Salat servieren.

TIPP Panko-Mehl stammt aus Japan, besteht aus Mehl, Hefe und Gewürzen und ist etwas grobkörniger als das in Europa übliche Paniermehl aus Semmelbröseln.

Für 4 Personen

Für die Küchlein

12 große rohe Gambas, geschält und vom Darmfaden befreit
200 g weißes Fischfilet (z. B. Zander oder Rotbarsch)
2 Minzeblätter
Saft von 1 Limette
1 Messerspitze Cayennepfeffer
Salz
schwarzer Pfeffer, frisch gemahlen
100 g Mayonnaise (80 % Fett)
2 Eier
100 g Paniermehl (möglichst Panko-Mehl)
Öl zum Braten

Für die Vinaigrette

1 Zwiebel
2 EL Limettensaft, frisch gepresst
4 EL Öl (z. B. Rapsöl)

Außerdem

300 g Feldsalat
2 Grapefruits

Sonne & Meer –
Sylter Strandleben

Wenn man auf Sylt war und nicht am allein zählenden Weststrand gewesen ist, dann war man nicht auf Sylt. Knapp 40 Kilometer weiß-goldener Sand und wunderbar breit auslaufend – Natur zum Verlieben. Es ist der schönste Strand im Norden überhaupt, und die raue Kraft der Nordsee ist so nah, dass man demutsvoll zurückweicht, wenn sich machtvoll eine Welle nähert. Natürlich kann man seine Zeit auch auf der Ostseite verbringen, aber da ist das Wattenmeer, wo die Ehrfurcht den Würmern, Muscheln und Krebsen gilt. Auch interessant! Aber in ihrer Gesellschaft hat der Unterhaltungswert mehr wissenschaftlichen Charakter. Die meisten Sylt-Besucher suchen sich deshalb ein Plätzchen auf der sandigen Seite. Da ziehen sie Badetextilien an, wahlweise alle anderen Kleidungsstücke komplett aus, und verfolgen mit kindlichem Eifer den Lauf der Sonne. Gelegentlich halten sie einen Zeh ins Wasser und suchen in People-Magazinen nach Mitteilungen, welche Prominenten sich gerade auf Sylt aufhalten. Es könnte ja plötzlich ein solcher entkräftet aus der Gischt heraussteigen und um einen Schluck Wasser bitten. Solange das nicht geschieht, verteilen sie literweise Sonnencreme auf ihrer Haut. Für Familien mit Kindern der Idealzustand. Hunde haben übrigens eigene Strandabschnitte. Damit sie nicht von anderen Tieren, denen dieses Privileg nicht zugestanden wird, belästigt werden, markieren sie ihr Revier in gehockter oder dreibeiniger Haltung. Was aber sollen diejenigen am Strand mit sich anfangen, die keine Familie haben und kein Hund sind?

Vom Kurzmarathon zum Kitesurfen

Grundsätzlich bieten sich zwei Möglichkeiten. Die erste betrifft die Aktivisten. Sie verkuppeln ihren Unternehmungsgeist mit Bewegungsdrang und suchen nach Ideen, wie sie beides am besten abbauen können. Ein Blick in den Sylter Veranstaltungskalender hilft weiter. In der Saison ist die Auswahl an Mitmach-Events im Strand-

Ob surfen, spazieren gehen oder einfach nur im Strandkorb Meer, Sand und Sonne genießen – Sylt hält für jeden Besucher die richtige Freizeitaktivität bereit.

bereich besonders groß, und man weiß gar nicht, wofür man sich eigentlich entscheiden soll. Wäre beispielsweise der Sylt-Lauf das Richtige? Jedes Jahr gehen 1500 Läufer an den Start dieses Short-Marathons von 33,333 Kilometern, und wenn man nicht topfit ist, ist das Risiko, Letzter zu werden, leider relativ groß. Also Vorsicht! Als Alternative bietet sich das Cat Festival an. Dabei werden nicht Katzen ins Wasser geworfen, sondern Katamarane ins Rennen geschickt. In schnittigen Booten durchpflügen die Teilnehmer am Brandenburger Strand in rasender Geschwindigkeit die Wellen, dass es nur so zischelt. Viele Kameraleute halten den farbenprächtigen Anblick der knatternden Segel fest, und mit etwas Glück schafft man es auf diese Weise ins Fernsehen und wird ein umjubelter Sylt-Promi. Windige Burschen, an denen es auf Sylt nie mangelt, können am Windsurf-Weltcup in drei Disziplinen teilnehmen: Slalom, Wave und Freestyle. Gewagte Sprünge sind sozusagen Pflicht, sonst würde kein Zuschauer seine Kamera auspacken. Oder aber man meldet sich bei der Kitesurf-Trophy an. Dazu trifft sich die Weltelite, und auf dem Siegertreppchen wird es schnell eng.

Sehen und gesehen werden

Die andere Möglichkeit, den Strand zu erleben, sieht so aus: Wo Wasser, Menschen, Sand und Sonne zusammenkommen, herrscht meist ein ausgeprägtes Sehklima – jeder guckt, was die anderen machen. Die Spielregel lautet: Keiner darf sich durch Hyperaktivität hervortun, damit sich das Interesse aller auf alle verteilt. Gewagte Solodarbietungen sind absolut verpönt, Nichtstun mit Pokerface heißt die hohe Disziplin.

Die Frage ist: Wo ist der beste Platz, um hinzusehen, wenn planmäßig nichts passiert? Die Profis unter den Voyeuren des Nichts finden sich bei der Sansibar ein. Dort gibt es eine Stelle, an der man den Blick auf alle hat, die vom Wasser her kommen, und ebenso auf diejenigen, die gerade zum Wasser hin wollen. Zufällig ist dies das Terrain vor der Sansibar selbst, wo sich freie Tische im Dutzend andienen. Umgekehrt gilt dasselbe: Viele schlendern auffällig langsam über den Parcours zwischen Strand und Parkplatz, um in der Mitte an der Sansibar vorbeizukommen – mal unauffällig hinsehen, wer sich hier gerade herumtreibt. Mit etwas Glück trifft man auf diese Weise alte Bekannte wieder. Etwa Nachrichtensprecherinnen aus dem Fernsehen, die man aber nur an ihrer Stimme erkennt, weil sie im Wohnzimmer doch etwas anders aussehen. Oder Schauspieler, die im Film wie Titanen durchs Bild poltern, in Wirklichkeit aber Kindergröße tragen.

Die spiegelglatte See, auf der Fischkutter ruhig und friedlich ihrer Arbeit nachgehen und allenfalls bei Möwen für Aufsehen sorgen, kann sich bei entsprechendem Wetter auch in gefährliches Gewässer verwandeln. Ebenfalls nicht ungefährliches Terrain ist Herbert Secklers Weinkeller, aus dem der Chef der Sansibar manch edlen und verführerischen Tropfen holt.

Strandleben gleich Partyleben

Schließlich gibt es noch eine Gruppe von Menschen, die sich weder für Strandkörbe noch für Prominente interessieren – was auf Sylt eigentlich gar nicht geht. Es sind Jugendliche, die sich zu wilden Banden zusammentun und gemeinsam auf die Suche nach Einsamkeit gehen. Und einsam sind für sie Orte, wo die Geräusche vom Öffnen ihrer mitgebrachten Flaschen und der daraus resultierenden zeitversetzten Fröhlichkeit nicht auf den Widerstand anderer stoßen. Außerdem sind junge Menschen immer sehr hungrig, und deshalb ist mindestens einer dabei, der einen Grill unter dem Arm trägt. Die anderen schleppen Holzkohle, Würstchen und Ghettoblaster.

Schnell entwickelt sich eine beneidenswerte Ausgelassenheit, und es kann vorkommen, dass sich einer der Teilnehmer angeheitert ins Wasser verirrt und die Orientierung verliert. Bei dem Versuch, wieder zurückzufinden, kommen sie meist an einer ganz anderen Stelle wieder ans Festland, nämlich da, wo die Familien zwischen den Sandburgen stecken. Keine Frage: Wenn die Gestrandeten dann auf allen vieren aus dem Wasser krabbeln und in ihrer Verzweiflung um einen Schluck Wasser bitten, sehen sie total fertig aus. Doch die Leute, die sie ansprechen, reagieren sonderbarerweise immer sehr freundlich und zuvorkommend – das ist der Bonus, wenn man für einen Prominenten gehalten wird.

Burger von **Langostinen**
mit Avocados und Pflaumenmus

Für 4 Personen

12 rohe Langostinen, geschält und
vom Darmfaden befreit
1 Ei
2 EL Sahne
1 Messerspitze Currypulver
Salz
schwarzer Pfeffer, frisch gemahlen
Öl zum Braten
4 Laugenbrötchen mit Salz
2 reife Avocados
4 EL Pflaumenmus
1 EL Sojasauce
8 Radicchioblätter
1 Frühlingszwiebel

1 Die Hälfte der Langostinen waschen, trockentupfen und durch die feine Scheibe des Fleischwolfs drehen oder fein hacken. Ei, Sahne, Curry, Salz und Pfeffer verrühren. Die gehackten Langostinen dazugeben und alles zu einer homogenen Masse vermengen. Die restlichen Langostinen waschen, trockentupfen, in grobe Stücke schneiden und unter die Masse mischen. 1 bis 2 Stunden kalt stellen.

2 Aus der Langostinen-Masse mit leicht geölten Händen kleine Burger formen. Öl in einer Pfanne erhitzen und die Langostinen-Burger darin auf beiden Seiten braten, bis sie gar sind.

3 Die Brötchen im Ofen leicht vorwärmen. Avocados schälen, entkernen und in feine Scheiben schneiden; leicht salzen. Pflaumenmus und Sojasauce verrühren. Radicchio waschen und trockentupfen. Frühlingszwiebel waschen, putzen und in feine Ringe schneiden. Die Brötchen aufschneiden und mit dem Soja-Pflaumenmus bestreichen. Die unteren Hälften der Brötchen mit jeweils 1 bis 2 Radicchioblättern und den Frühlingszwiebelringen belegen, die Langostinen-Burger sowie die Avocadoscheiben darauf setzen. Die oberen Brötchenhälften darauf legen und eventuell mit Holzspießchen feststecken.

Blätterteig-Pizza
mit Chicorée und Jamón Ibérico

1 Den Blätterteig bei Zimmertemperatur etwas antauen lassen, in vier Portionen teilen und diese zu Teigkreisen mit 10 Zentimeter Durchmesser ausrollen. Die Chicoréestauden waschen, längs halbieren und die Wurzel herausschneiden. Den Backofen auf 180 °C (Umluft 160 °C, Gas Stufe 2–3) vorheizen.

2 Butter und Öl in einer Pfanne erhitzen. Den Zucker hinzufügen und karamellisieren lassen. Die Korianderkörner dazugeben. Den Chicorée in der Butter-Zucker-Mischung anbraten. Mit Orangen- und Limettensaft sowie Balsamicoessig ablöschen und so lange weiterbraten, bis die Flüssigkeit verdampft ist. Abkühlen lassen.

3 Vier kleine Pizzaformen (10 cm Ø) einfetten, den Chicorée in jeweils einer Lage hineinlegen und mit dem Blätterteig bedecken. 15 bis 20 Minuten im Ofen backen, bis der Teig knusprig ist. Die Pizza nach dem Backen auf Teller stürzen, mit dem Pata-Negra-Schinken belegen und warm oder kalt servieren.

TIPP Der aus Spanien stammende Pata-Negra-Schinken – Jamón Ibérico – verdankt seinen Namen dem Iberischen Schwein, aus dem er hergestellt wird. Zu seinem »deutschen« Namen kam der Schinken, da Iberische Schweine oft schwarze Klauen – »pata negra« – haben. Statt des Schinkens können Sie aber auch Räucherlachs oder Graved Lachs verwenden.

Für 4 Personen

200 g Blätterteig (TK)
8 rote Chicoréestauden
2 EL Butter
2 EL Öl
5 EL Zucker
12 Korianderkörner
Saft von 1 Orange
Saft von 1 Limette
2 EL Balsamicoessig
Fett für die Form
8 Scheiben Pata-Negra-Schinken

Lachs in der Grube
mit Chinakohl und Kartoffeln

Für 4 Personen

2 kg Lachs aus dem Mittelstück,
mit Haut, geschuppt
Salz
schwarzer Pfeffer, frisch gemahlen
4 Knoblauchzehen
4 Schalotten
1 Bund Salbei
1 Chinakohl
2 Zweige Rosmarin
Öl zum Bestreichen
20 Limettenblätter
150 g Kräuterbutter
125 ml Olivenöl
12–16 sehr kleine festkochende
Kartoffeln

1 Den Lachs waschen, trockentupfen und innen und außen mit Salz und Pfeffer würzen. Knoblauch und Schalotten abziehen. Salbei waschen und trockenschütteln. Die Blätter von den Stielen zupfen. Knoblauch und Schalotten ganz in den Fisch geben, die Salbeiblätter hinzufügen.

2 Den Chinakohl in einzelne Blätter teilen und für etwa 10 Sekunden in Salzwasser blanchieren. Kalt abschrecken, abtropfen lassen. Rosmarin waschen und trockenschütteln. Die Nadeln von den Zweigen streifen. Die Chinakohlblätter mit etwas Öl bestreichen und mit den Rosmarinnadeln bestreuen. Den Lachs darin einwickeln und nochmals mit Salz und Pfeffer würzen.

3 Ein großes Stück Alufolie einölen, den Lachs darauf legen und die Limettenblätter darüber streuen. Die Kräuterbutter zerlassen, mit Olivenöl verrühren und über den Lachs träufeln. Alles fest in Alufolie einwickeln, die Folie oben zufalten.

4 Ofengitter über glühender Holzkohle (in einer »Grube«, d. h. einem Loch im Boden) oder über dem Grill platzieren. Den Lachs darauf legen und auf jeder Seite 15 Minuten garen. Kartoffeln waschen, auf lange Spieße stecken und ebenfalls über der Holzkohle garen. Beim Auspacken des Fischs den entstandenen Fond auffangen und den Fisch damit beträufeln.

Ratatouillesalat
mit Balsamico- und Sherryessig

Für 4 Personen

2 Knoblauchzehen
je 1 rote, grüne und gelbe
Paprikaschote
2 rote Zwiebeln
3 Zucchini
2 Zweige Thymian
5 Frühlingszwiebeln
6–8 EL Olivenöl
2 Lorbeerblätter
Salz
schwarzer Pfeffer, frisch gemahlen
¼ l Tomatensaft
250 g Kirschtomaten
Balsamicoessig
Sherryessig

1 Knoblauch abziehen. Paprikaschoten waschen und putzen. Zwiebeln abziehen. Zucchini waschen und putzen. Paprika, Zwiebeln und Zucchini in Würfel schneiden. Thymian waschen und trockenschütteln. Frühlingszwiebeln waschen und putzen. Den weißen Teil quer in Scheiben schneiden.

2 Zwei Drittel des Öls in einer großen Pfanne oder einem Topf erhitzen und nach und nach die folgenden Zutaten darin andünsten: Knoblauch, Paprika, Zwiebeln, Zucchini, Lorbeer und Thymian; zum Schluss die Frühlingszwiebeln zugeben. Mit Salz und Pfeffer würzen.

3 Mit Tomatensaft ablöschen und etwas einkochen lassen. Kirschtomaten waschen, halbieren und zur Ratatouille geben. Alles kurz durchkochen lassen und mit Balsamicoessig abschmecken. Abkühlen lassen. Thymianzweige und Lorbeerblätter entfernen.

4 Vor dem Servieren den Ratatouillesalat mit dem restlichen Olivenöl beträufeln und mit Sherryessig abschmecken.

Melone mit Steinbuttstreifen
und Cranberrydressing

1 Für das Dressing rote Zwiebeln abziehen und in dünne Ringe schneiden. Cranberrysaft, Honig, Salz, Senf, Öl und Mango-Ketchup verrühren und mit den Schalottenwürfeln vermengen. Die Zwiebelringe darin etwa 2 Stunden marinieren, dabei immer wieder umrühren.

2 Für die Melone die Wassermelonen schälen, so weit wie möglich entkernen und jeweils in 8 Halbmonde schneiden. Kresse vom Beet schneiden. Die Melonenhalbmonde auf jeder Seite 2 Minuten grillen, auf eine Platte legen – dabei in der Mitte ein Stück freilassen – und mit Kresse bestreuen.

3 Steinbuttfilets waschen, trockentupfen und mit Salz und Pfeffer würzen. Öl und Butter in einer Pfanne erhitzen und die Steinbuttfilets kräftig darin braten. In Streifen schneiden.

4 Minzeblätter waschen, trockentupfen und fein hacken. Den Fisch in der Mitte der Melonen anrichten. Alles mit Dressing beträufeln, dabei mit den Zwiebelringen garnieren und mit der Minze bestreuen.

Für 4 Personen

Für das Dressing

2 rote Zwiebeln
6 EL Cranberrysaft
2 EL Honig
Salz
1 EL süßer Senf
¼ l Erdnussöl
1 EL Mango-Ketchup
1 EL feine Schalottenwürfel

Für die Melone

¼ gelbe Wassermelone
¼ rote Wassermelone
2 Beete Brunnen- oder Wasserkresse
400 – 500 g Steinbuttfilet
schwarzer Pfeffer, frisch gemahlen
1 EL Öl
1 EL Butter
5 Minzeblätter

Rotbarsch vom Grill
mit Kräutern und Zitrusglasur

1 Für die Zitrusglasur die Schalotten abziehen und in feine Scheiben schneiden. Zucker und Essig in einer Pfanne zu Sirup verkochen. Limetten- und Orangensaft sowie Schalotten hinzufügen und auf die Hälfte einkochen lassen. Mit Salz und Pfeffer würzen. Wenn die Glasur abkühlt, wird sie fest.

2 Den Fisch waschen, trockentupfen und innen und außen mit Olivenöl bepinseln. Mit Salz und Pfeffer würzen. Die Kräuter waschen, trockenschütteln und in den Fisch geben. Den Fisch mit Küchengarn umwickeln, er sollte ganz geschlossen sein. Bei mittlerer Hitze auf jeder Seite 5 Minuten grillen; mit etwas Zitrusglasur bestreichen und weitere 2 Minuten garen. Den Fisch vor dem Servieren mit der restlichen Glasur bestreichen.

TIPP Zum Rotbarsch vom Grill passt der Ratatouillesalat (siehe S. 36) ausgezeichnet.

Für 4 Personen

Für die Zitrusglasur

2 Schalotten
120 g Zucker
120 ml Weißweinessig oder Apfelessig
¼ l Limettensaft, frisch gepresst
½ l Orangensaft, frisch gepresst
Salz
schwarzer Pfeffer, frisch gemahlen

Für den Fisch

4 ganze Rotbarsche à ca. 700 g, geschuppt, geputzt und ohne Flossen
Olivenöl zum Bestreichen
16 Zweige Rosmarin
16 Zweige Thymian
24 Stängel Basilikum
24 Stängel Petersilie

Aroma

küche

Mit den Düften Asiens

Nach einem Beutezug durch die Weiten des Indischen Ozeans nehmen Ingwer, Zitronengras und Koriander die Lufthoheit über den Kochstellen ein. Die Schätze aus der Küche – Glasnudelsalat oder Hummer in Sakeglasur – werden bei einem köstlichen Mahl geteilt.

Teriyaki vom Lachs
in Ingwer-Zitronengras-Marinade

Für 4 Personen

Für die Marinade

4 Stängel Zitronengras
4 Knoblauchzehen
100 g Ingwer
200 ml Mirin
(japanischer Reiswein aus dem Asialaden)
200 ml Sake

Für das Teriyaki

4 Lachsfilets à 200–250 g
Blackened-Gewürzmischung (Rezept siehe S. 137)
Öl zum Braten
Teriyaki-Sauce (Rezept siehe S. 141)

1 Für die Marinade das Zitronengras in feine Ringe schneiden. Knoblauch abziehen und in feine Würfel schneiden. Ingwer schälen und ebenfalls fein würfeln. Mirin und Sake mit 200 Milliliter Wasser kurz aufkochen lassen. Zitronengras, Knoblauch und Ingwer hinzufügen und alles 5 Minuten köcheln lassen. Anschließend abkühlen lassen.

2 Für das Teriyaki den Lachs waschen, trockentupfen und auf einer Seite rautenförmig einritzen. Den Fisch etwa 6 Stunden in der Marinade ziehen lassen. Dabei gelegentlich mit der Marinade begießen.

3 Den Lachs aus der Marinade nehmen, abtropfen lassen und trockentupfen. Mit Blackened-Gewürzmischung bestreuen. Den Ofen auf 220 °C (Umluft 200 °C, Gas Stufe 4–5) vorheizen.

4 Öl in einer Pfanne erhitzen und den Lachs darin auf beiden Seiten nur etwa 3 Sekunden anbraten. Mit etwas Teriyaki-Sauce begießen und 5 Minuten im Ofen fertig garen.

TIPP Das Rezept für die Blackened-Gewürzmischung finden Sie auf Seite 137, das Rezept für die Teriyaki-Sauce auf Seite 141. Zum Teriyaki vom Lachs passen Sushi- oder Basmatireis sowie der Asiatische Gurkensalat (siehe S. 152).

Süß-pikanter **Glasnudelsalat**
mit Pilzen und mariniertem Gemüse

1 Die Glasnudeln für 1 bis 2 Minuten in kochendes Wasser geben. In ein Sieb abgießen, abschrecken und abtropfen lassen. Die Shiitake- oder Mu-Err-Pilze putzen und vierteln. Die Knoblauchbutter in einer Pfanne zerlassen und die Pilze darin anschwitzen. Die Glasnudeln dazugeben.

2 Den Zucker karamellisieren lassen und mit der Hühnerbrühe ablöschen. Sojasauce und Honig hinzufügen. Stärke in Orangensaft kalt anrühren und die Brühe damit leicht abbinden. Chilischoten längs halbieren, entkernen, putzen und waschen. Grob hacken und in der Brühe ziehen lassen. Pilze und Nudeln darin 24 Stunden marinieren.

3 Gurke, Paprika und Frühlingszwiebeln waschen, putzen und in mundgerechte Stücke schneiden. Mit Salz, Pfeffer, Cayennepfeffer, Essig und Öl mischen und 1 Stunde ziehen lassen. Die Pilz-Glasnudel-Mischung mit der Gemüsemischung vermengen. Vor dem Servieren abschmecken.

TIPP Dieser Glasnudelsalat passt hervorragend zu gebratenen Riesengarnelen, Putenbruststreifen, gebackenem Schweinefleisch oder zu in Tempurateig Gebackenem.

Für 4 Personen

200 g Glasnudeln
100 g Shiitake- oder Mu-Err-Pilze
20 g Knoblauchbutter
50 g Zucker
100 ml Hühnerbrühe
3 EL Sojasauce
50 g Honig
2 EL Speisestärke
Saft von 1 Orange
3 rote Chilischoten
1 Salatgurke
je 1 rote und gelbe Paprikaschote
1 Bund Frühlingszwiebeln
Salz
schwarzer Pfeffer, frisch gemahlen
1 Messerspitze Cayennepfeffer
2–3 EL Reisessig
5–6 EL Traubenkern- oder Sonnenblumenöl

Maishuhnbrust
mit Honig-Sesam-Kruste

Für 4 Personen

100 g Glasnudeln
4 Maishuhnbrüste ohne Knochen
Salz
schwarzer Pfeffer, frisch gemahlen
3 EL schwarzer und weißer Sesam
Öl zum Braten
25 g Honig
200 g Shiitake-Pilze
1 große Zwiebel
2 große Möhren
½ Sellerieknolle
1 Stange Lauch
½ Weißkohl
20 g Knoblauchbutter
helle Sojasauce
Sesamöl
1 EL gelbe Tandooripaste
(aus dem Asialaden)
500 ml Öl zum Frittieren
Pekingentensauce
(aus dem Asialaden)

1 Glasnudeln in einer Schüssel mit heißem Wasser übergießen, 10 Minuten ziehen lassen, abgießen und klein schneiden. Den Ofen auf 180 °C (Umluft 160 °C, Gas Stufe 2–3) vorheizen.

2 Die Maishuhnbrüste waschen, trockentupfen und mit Salz und Pfeffer würzen. Sesam in einer Pfanne ohne Fett anrösten. Öl in einer Pfanne erhitzen und die Maishuhnbrüste darin 2 bis 3 Minuten anbraten. Mit dem Honig bepinseln und dem Sesam bestreuen. Etwa 10 Minuten im Ofen garen.

3 In der Zwischenzeit die Shiitake-Pilze putzen und vierteln. Zwiebel abziehen und in Scheiben schneiden. Möhren und Sellerieknolle schälen und in feine Streifen schneiden. Lauch waschen und putzen, Weißkohl waschen; beides ebenfalls in feine Streifen schneiden.

4 Die Pilze in der Knoblauchbutter anbraten. Zwiebel und Gemüsestreifen hinzufügen und mitbraten. Mit je 1 Spritzer Sojasauce und Sesamöl ablöschen. Die Tandooripaste unterrühren.

5 Die Glasnudeln 2 Minuten in heißem Öl frittieren. Pekingentensauce erwärmen. Das Gemüse auf vier Teller verteilen und mit der Pekingentensauce umgießen. Die Maishuhnbrüste auf das Gemüse geben und mit den frittierten Glasnudeln garnieren.

Seeteufel
auf knackigem Bratgemüse

1 Die Glasnudeln für 1 bis 2 Minuten in kochendes Wasser geben. In ein Sieb abgießen, abschrecken und abtropfen lassen. Baby-Maiskolben längs halbieren. Pak Choi waschen, putzen und klein schneiden. Paprikaschoten waschen, putzen und in feine Streifen schneiden. Zwiebeln abziehen und in dünne Spalten schneiden.

2 Zwiebeln in der Knoblauchbutter anbraten. Maiskolben, Pak Choi und Paprikastreifen dazugeben und ebenfalls anbraten. Asiapaste unterrühren. Glasnudeln und Soja- oder Mungbohnensprossen unterheben und alles mit einem Spritzer Sesamöl würzen.

3 Das Fischfilet waschen, trockentupfen und in gleichmäßige Streifen schneiden. Mit Salz und Pfeffer würzen und gut mit Mehl bestäuben.

4 Etwas Sesamöl in einer beschichteten Pfanne erhitzen und die Filetstreifen darin scharf anbraten. Mit der Sojasauce beträufeln. Das Gemüse auf vier Tellern anrichten und die Fischfilets darauf setzen.

TIPP Statt des Seeteufels können Sie auch Zanderfilets verwenden. Das Rezept für die Asiapaste mit Tandoori finden Sie auf Seite 136. Zum Seeteufel auf knackigem Bratgemüse passt der Mango-Chili-Dip (siehe S. 136) ausgezeichnet.

Für 4 Personen

100 g Glasnudeln
16 Baby-Maiskolben
2 Pak Choi
2–3 rote Paprikaschoten
2 große Zwiebeln
2 EL Knoblauchbutter
4 EL Asiapaste mit Tandoori
(Rezept siehe S. 136)
200 g Soja- oder
Mungbohnensprossen
Sesamöl
500 g Seeteufelfilet
Salz
schwarzer Pfeffer, frisch gemahlen
Mehl zum Bestäuben
2 EL helle Sojasauce

Die Sansibarküche –
Himmel & Hölle

Im Weinkeller unterhalb der Küche fühlt man sich wie im Himmel. Wenn man allerdings bei Hochbetrieb in die Küche geht, glaubt man, in die Hölle geraten zu sein. So eng ist es, so laut, so dunstig, so rutschig, vor allem so unbeschreiblich hektisch und je nach Außentemperatur auch noch so gnadenlos heiß. Wer das nicht gewohnt ist, wendet sich mit Fluchtreflexen. Es grenzt fast an ein Wunder, dass unter solchen Bedingungen die Logistik trotzdem klappt. Aber sie tut es, und jedes Essen wird mit Sorgfalt zubereitet und kommt zum richtigen Zeitpunkt perfekt angerichtet auf den Tisch. Und außerdem – noch so ein Wunder – arbeiten hier alle offenbar gerne, und wer mit den Gegebenheiten Probleme hat, hält sowieso nur drei Tage durch, höchstens. Da bleiben nur die Kämpfernaturen und Guten übrig; und wehe, man ist sensibel! Alles in allem brutzeln, braten und köcheln hier insgesamt 50 Mitarbeiter, 13 und mehr Stunden am Tag, wie es in der Gastronomie überall so üblich ist. Das Team ist perfekt eingespielt: An Spitzentagen im Hochsommer gehen mehr als 3000 Essen über den Pass, da muss jeder Handgriff sitzen. Wer blinzelt, verliert.

Auf der Karte stehen nicht nur die traditionellen Blitzgerichte wie Currywurst mit Pommes oder Linsensuppe, sondern auch Steinbutt im Ganzen, Steaks, nach individuellem Wunsch präzise gegart, und Desserts, die auch nicht ohne sind. Ohne einen starken Dirigenten würde das Orchester aus Köchen, Beiköchen und sonstigen Helfern wahrscheinlich nicht einen einzigen sauberen Ton herausbekommen. Doch Küchenchef Dietmar Priewe hat seinen Laden zusammen mit dem Küchenberater Axel Henkel fest im Griff. Die Latte hängt hoch: Viele der Gäste sind verwöhnt, reisen rund um den Globus, dinieren in den ersten Restaurants, kennen alle kulinarischen Raffinessen und lassen sich nichts vormachen. Da hilft kein Tricksen, man muss ambitioniert sein und sein Handwerk beherrschen.

Ohne Fachkenntnisse geht nichts

Sollte tatsächlich einmal etwas schiefgehen (die Sansibarküche wäre der einzige Ort auf der Welt, wo keine Fehler gemacht werden), muss es erst einmal der Service ausbaden. Passiert aber so gut wie nie,

und das Lächeln des meist weiblichen Bedienungspersonals ist absolut echt. Uniformen wären in der gelösten und zwanglosen Atmosphäre der Sansibar völlig fehl am Platz, und so zieht sich jeder so leger an, wie es ihm persönlich gefällt. Was aber auch den Nachteil hat, dass man das Personal und die Gäste nicht auseinanderhalten kann. Macht aber nichts, hier sind ohnehin alle fröhlich. Herbert Seckler stellt am liebsten Leute ein, die den Job aus ihrer eigenen Natürlichkeit heraus machen, gern Quereinsteiger. Er bedauert aber, immer mehr gelernte Kräfte einstellen zu müssen, weil ohne Fachkenntnisse gar nichts geht – wie schon erwähnt, die Gäste sind auch keine Anfänger. Die Hauptsache ist für ihn, dass der Service erkennt, wie es der Gast gerne hätte: »Das Brot hat nicht da zu liegen, wo es nach irgendwelchen komischen Gastronomieregeln stehen soll, sondern da, wo der Gast es braucht.«

Der Chef steht zwar schon lange nicht mehr mit am Herd, aber wenn es darum geht, die Qualität einer neu eingetroffenen Sendung von Fleisch, Fisch oder Gemüse zu prüfen, ist er mit dabei. Und zeigt sich unerbittlich, wenn etwas nicht so ist, wie er es gern haben möchte. Dann geht die Sendung augenblicklich retour. »Hier werde ich nie Kompromisse eingehen«, versichert Herbert Seckler, »denn das Produkt ist der Star und nicht wir.« Man kann es auch so formulieren: Jedes Produkt sollte so überragend gut sein, dass es selbst der schlechteste Koch nicht verderben könnte.

Axel Henkel (großes Bild unten) sorgt als Küchenberater in der Sansibar nicht nur für eine konstant exzellente Qualität der Gerichte, sondern auch dafür, dass sie perfekt auf den Teller kommen. Er stellte die Rezepte in diesem Buch zusammen.

Martini-Cocktail
von mariniertem Thunfisch

Für 4 Personen

Für den Thunfisch

400 g Thunfisch in Sashimi-Qualität
2 EL Sojasauce
1 EL Reisessig
1 TL Zitronensaft, frisch gepresst
2 EL Olivenöl

Für die Wasabicreme

1 EL Reisessig
4 EL Crème fraîche
2 TL Wasabipulver

Für den Rettichsalat

1 weißer Rettich
1 TL Salz
Saft von 1 Zitrone
100 g Crème fraîche

1 Für den Thunfisch den Fisch waschen, trockentupfen und in feine Würfelchen schneiden. Sojasauce, Reisessig, Zitronensaft und Olivenöl verrühren und mit den Thunfischwürfelchen vermengen.

2 Für die Wasabicreme den Reisessig unter die Crème fraîche rühren. Das Wasabipulver dazugeben und alles gut miteinander vermengen. Vier Martini- oder ähnliche Cocktailgläser in das Gefrierfach stellen.

3 Für den Rettichsalat den Rettich schälen und in Streifen schneiden oder hobeln. Ganz leicht salzen und mit wenig Zitronensaft mischen. 20 Minuten ziehen lassen, anschließend ausdrücken. Mit der Crème fraîche vermengen und mit Salz und Zitronensaft abschmecken.

4 Die Gläser aus dem Gefrierfach nehmen. Zuerst den Rettichsalat darauf verteilen, dann den Thunfisch darauf geben und zum Schluss mit der Wasabicreme garnieren.

TIPP Wer es besonders edel mag, kann diesen Martini-Cocktail von mariniertem Thunfisch noch mit etwas Kaviar krönen. Legen Sie als Beilage noch Grissini-Stangen über die Gläser.

Hummer in Sakeglasur
mit Vermicelli-Salat

Für 4 Personen

Für das Dressing

1 kleine Chilischote
8 EL Olivenöl
4 EL Reisessig
4 EL Sojasauce
japanischer Bergpfeffer, gemahlen
Zucker
Salz
1 TL Wasabipulver

Für den Salat

300 g Vermicelli (dünne Spaghetti)
1 Salatgurke
150 g gemischter Salat
(z. B. Friséesalat, Feldsalat und Römersalat)
2 große Nori-Blätter
3 Frühlingszwiebeln
1–3 EL Sesamsamen
1 Handvoll Cornflakes

Außerdem

2 Hummer à 500 g
2 EL Öl
1 Schuss Sake
schwarzer Pfeffer, frisch gemahlen

1 In einem ausreichend großen Topf Wasser zum Kochen bringen. Die Hummer mit den Köpfen zuerst 3 Sekunden in das sprudelnd kochende Wasser geben, anschließend mit dem ganzen Körper so lange im Wasser garen, bis sich die dunklen Panzer gänzlich rot verfärbt haben. Hummer aus dem Wasser nehmen, aufbrechen, die Schwänze in 3 bis 4 Stücke schneiden, die Scheren bleiben ganz.

2 Für das Dressing die Chilischote längs halbieren, entkernen, putzen und waschen. In Ringe schneiden. Öl, Essig, Sojasauce, Pfeffer, Zucker, Salz und Wasabipulver verrühren und mit den Chiliringen vermengen.

3 Für den Salat die Vermicelli in reichlich Salzwasser nach Packungsanweisung bissfest garen. In der Zwischenzeit die Gurke waschen, entkernen und in sehr feine, spaghettiähnliche Streifen schneiden. Salate waschen, trockenschleudern und in mundgerechte Stücke zupfen. Die Nori-Blätter in Streifen schneiden. Frühlingszwiebeln waschen, putzen und in Ringe schneiden. Sesamsamen in einer Pfanne ohne Fett anrösten. Alle Salatzutaten – bis auf die Cornflakes – vermengen und mit dem Dressing beträufeln. Die Cornflakes erst kurz vor dem Servieren über den Salat streuen.

4 Das Öl in einer schweren Pfanne stark erhitzen und das Hummerfleisch sehr kurz darin anbraten. Mit Sake ablöschen, salzen und pfeffern. Den Salat in der Mitte von vier Tellern anrichten und mit dem Hummerfleisch umkränzen. Mit den Scheren garnieren.

Japanische **Rinderroulade**
mit Sellerie, Möhren und Spargel

1 Die Fleischscheiben waschen und trockentupfen. Nicht klopfen. Mit Senf bestreichen und mit Stärke bestäuben. Sellerie und Möhren schälen und in spargelähnliche Stücke schneiden. Den Spargel nur im unteren Drittel schälen.

2 Die Gemüsestücke auf das Fleisch legen. Das Fleisch zusammenrollen und bei Bedarf mit einer Rouladennadel feststecken. Nochmals mit Stärke bestäuben. Öl in einer Pfanne erhitzen und die Rouladen darin auf allen Seiten 2 bis 3 Minuten anbraten. Mit der Flüssigkeitsmischung ablöschen. Anschließend die Rouladen etwa 1 Minute in der Flüssigkeit schwenken und von allen Seiten glasieren.

3 Sesamsamen und Szechuanpfeffer in einer zweiten Pfanne ohne Fett anrösten. Die Rouladen aus der Pfanne nehmen und jeweils einmal schräg durchschneiden. Auf vier Tellern anrichten, mit der inzwischen etwas eingekochten Sauce begießen und mit den Sesamsamen und dem Szechuanpfeffer bestreuen.

TIPP Roulade einmal anders: Mit Sojasauce, Sake, Mirin und Szechuanpfeffer bekommt sie einen asiatischen Touch. Dazu passen blattweise in der Pfanne gebratener Pak Choi und Basmatireis.

Für 4 Personen

600–700 g Roastbeef ohne Fett, am besten vom Metzger in 4 ca. DIN-A4-große Scheiben geschnitten

2–3 EL grober Senf

2 EL Speisestärke

½ Sellerieknolle

2 Möhren

4 Stangen grüner Spargel

Öl zum Braten

je 150 ml Sojasauce, Sake, Mirin (japanischer Reiswein aus dem Asialaden) und Wasser als Mischung zum Ablöschen

je 1 EL Sesamsamen und Szechuanpfeffer

Vitello asiatico
mit Pak Choi und Kokosmilch

Für 4 Personen

Für die Würzpaste

1 Knoblauchzehe
6 EL süße Sojasauce
2 EL frisch geriebener Ingwer, die Schale aufbewahren
1 Ei
1 EL Kandiszucker
50 g schwarze und weiße Sesamsamen

Für das Vitello asiatico

800 g Kalbsrücken ohne Knochen, von Fett, Häuten und Sehnen befreit
Salz
schwarzer Pfeffer, frisch gemahlen
Mehl zum Panieren
Öl zum Braten und Einfetten
4 Schalotten
2–3 Möhren
0,8 l Kokosmilch
100 g Baby-Pak-Choi
Sojasauce

1 Für die Würzpaste den Knoblauch abziehen. Sojasauce, geriebenen Ingwer, Ei, Knoblauch und Kandiszucker mit dem Stabmixer zu einer Paste pürieren. Anschließend die schwarzen und weißen Sesamsamen unterrühren. Den Backofen auf 160 °C (Umluft 140 °C, Gas Stufe 1–2) vorheizen.

2 Für das Vitello asiatico den Kalbsrücken waschen und trockentupfen. Mit Salz und Pfeffer würzen und in Mehl wenden. Öl in einer Pfanne erhitzen und den Kalbsrücken darin auf allen Seiten leicht anbraten. Dazu eventuell die Grillplatte verwenden.

3 Schalotten abziehen und halbieren. Möhren schälen und in Würfel schneiden. Ein Backblech einfetten und Schalotten, Möhren sowie Ingwerschalen darauf verteilen. Den Kalbsrücken darauf setzen und 20 Minuten im Ofen garen.

4 Das Fleisch aus dem Ofen nehmen und mit der Würzpaste bestreichen. Die Kokosmilch auf das Blech gießen, das Fleisch wieder darauf setzen und weitere 10 Minuten im Ofen garen. Anschließend das Fleisch aus dem Ofen nehmen und entweder warm stellen oder abkühlen lassen, wenn es kalt serviert werden soll.

5 Den Fond durch ein Sieb geben und abschmecken. Den Baby-Pak-Choi waschen, putzen und längs halbieren. Die Strünke kreuzweise einritzen. Kurz in Öl anbraten, mit etwas Sojasauce würzen und auf einer Platte anrichten. Das Fleisch in dünne Scheiben schneiden, auf den Pak Choi legen und mit Sauce begießen.

TIPP Das Fleisch wird optimal, wenn es eine Kerntemperatur von 58 °C hat. Dabei hilft ein Fleischthermometer.

Knusper**gambas**
in Sushirolle

1 Für den Sushireis den Reis in ein Sieb geben und so lange waschen, bis das Wasser klar ist. Anschließend etwa 30 Minuten in kaltem Wasser einweichen. Abgießen und mit 220 Milliliter kaltem Wasser in einen Topf geben. Bei starker Hitze aufkochen lassen, den Topf vom Herd ziehen und den Reis zugedeckt 15 Minuten quellen lassen. In eine große, flache Schüssel geben und unter mehrmaligem vorsichtigem Wenden bei Zimmertemperatur abkühlen lassen. Essig mit Zucker und Salz in einen Topf geben und unter Rühren kurz erwärmen, bis sich Zucker und Salz aufgelöst haben. Die Mischung gleichmäßig über dem gekochten Reis verteilen und untermengen.

2 Für die Sushirolle je 3 Gambas der Länge nach auf die Schaschlikspieße stecken. Tempurateig nach Packungsanweisung anrühren. Die Gambas durch den Tempurateig ziehen, etwas abtropfen lassen und in dem Panko-Mehl wenden. Etwa 3 Minuten frittieren und auf Küchenkrepp abtropfen lassen.

3 Den Spargel falls nötig im unteren Drittel schälen und kurz blanchieren. Die Nori-Blätter mit der glänzenden Seite nach unten auf die Sushimatte legen. Mit angefeuchteten Händen in den unteren zwei Dritteln dünn und locker mit Sushireis belegen und je 2 Stangen Spargel in der Mitte auf den Reis geben.

4 Den Rettich in 4 bis 5 Millimeter dicke Stücke in der Breite der Nori-Blätter schneiden und neben dem Spargel platzieren. Darüber jeweils einen Streifen Mayonnaise und einen Streifen Süß-Sauer-Sauce ziehen. Die Gambas auf die Saucenstreifen legen. Die Nori-Blätter mithilfe der Sushimatte von unten nach oben aufrollen und die Spieße herausziehen. Jede Nori-Rolle in acht bis zehn Scheiben schneiden und diese auf vier Tellern anrichten. Nach Belieben mit japanischer Sojasauce, Wasabi und eingelegtem Ingwer servieren.

Für 4 Personen

Für den Sushireis

200 g Sushireis (aus dem Asialaden)
2 EL Reisessig (aus dem Asialaden)
2 EL Zucker
½ TL Meersalz

Für die Sushirolle

12 rohe Gambas, geschält und vom Darmfaden befreit
1 Packung Tempura-Mix (aus dem Asialaden)
ca. 80 g Panko-Mehl (japanisches Paniermehl; siehe S. 25)
Öl zum Frittieren (z. B. Erdnussöl)
8 Stangen Thai-Spargel
4 große Nori-Blätter (aus dem Asialaden)
ca. 100 g süß-sauer eingelegter Rettich (aus dem Asialaden)
4 EL Mayonnaise
4 EL Süß-Sauer-Sauce (aus dem Asialaden)

Außerdem

4 Schaschlikspieße
1 Sushimatte (aus dem Asialaden)

Pizza Shanghai
mit dreierlei Käse

Für 4 Personen

2 Maishuhnbrüste
Salz
schwarzer Pfeffer, frisch gemahlen
Olivenöl zum Braten
Pizzateig (aus dem Kühlregal)
200 ml Teriyaki-Sauce
100 g Ingwer
2 Knoblauchzehen
2 Frühlingszwiebeln
je 1 rote und gelbe Paprikaschote
100 g Shiitake-Pilze
150 g Mozzarella
150 g Fontina-Käse
150 g Parmesan
4–5 Minzeblätter
150–200 ml Süß-Sauer-Sauce
(aus dem Asialaden)

1 Die Maishuhnbrüste waschen und trockentupfen. Mit Salz und Pfeffer würzen. Olivenöl in einer Pfanne erhitzen und die Maishuhnbrüste darin etwa 5 Minuten anbraten. Abkühlen lassen und in Scheiben schneiden.

2 Den Backofen auf 220 °C (Umluft 200 °C, Gas Stufe 4–5) vorheizen. Den Pizzateig auf ein mit Backpapier ausgelegtes Blech legen und mit Teriyaki-Sauce bepinseln. Ingwer schälen und fein hacken. Knoblauch abziehen und ebenfalls fein hacken. Frühlingszwiebeln waschen und putzen. Den weißen Teil in Ringe schneiden. Paprika waschen, putzen und fein würfeln. Shiitake-Pilze putzen und in Scheiben schneiden. Mozzarella und Fontina-Käse fein würfeln, Parmesan in Späne hobeln. Minzeblätter waschen, trockentupfen und hacken.

3 Die Pizza mit Ingwer, Knoblauch, Frühlingszwiebeln, Paprika, Pilzen, Käse und Maishuhnbrustscheiben belegen und 10 bis 12 Minuten im Ofen backen.

4 Die Pizza aus dem Ofen nehmen und vor dem Servieren mit der Süß-Sauer-Sauce beträufeln und mit den gehackten Minzeblättern bestreuen.

TIPP Statt frischem Ingwer können Sie auch eingelegten Ingwer verwenden, wie er beispielsweise zu Sushi serviert wird. Auch Radieschensprossen passen gut zu dieser asiatischen Pizza. Wenn Sie es noch exotischer mögen, können Sie statt Pizzateig gebratene chinesische Nudeln nehmen: Diese dafür nach Packungsanweisung garen und in der Pfanne wie einen Pfannkuchen braten. Anschließend wie oben beschrieben belegen und im Ofen backen.

Gebratenes **Sashimi**
mit Kapern-Limetten-Vinaigrette

1   Für die Vinaigrette die Zwiebel abziehen und in feine Würfel schneiden. Die Würfel in ein Sieb geben und mit kochendem Wasser überbrühen. Die Limetten auspressen. Zwiebelwürfel, Limettensaft, Kapern und Olivenöl gründlich verrühren.

2   Für das Sashimi den Thunfisch waschen und trockentupfen. In 2 Zentimeter dicke und breite Streifen schneiden. Die Streifen kräftig mit Blackened-Gewürzmischung einreiben und etwas ziehen lassen.

3   In einer schweren Pfanne wenig Öl stark erhitzen und die Thunfischstreifen darin auf jeder Seite 2 bis 3 Sekunden scharf anbraten. Den Fisch aus der Pfanne nehmen und auf Küchenkrepp abtropfen lassen. Anschließend die Streifen in 0,5 Zentimeter dünne Scheiben schneiden. Die Scheiben mit der Vinaigrette beträufelt servieren.

TIPP Zum gebratenen Sashimi passen gebackene Tortillachips (Rezept siehe S. 152) und Wakame-Salat aus dem Asialaden; statt Wakame (Braunalgen) können Sie aber auch blanchierten Spinat dazu servieren, den Sie mit etwas Zitronensaft und Sesamöl anmachen und mit gerösteten Sesamsamen bestreuen.

Für 4 Personen

Für die Vinaigrette

1 rote Zwiebel
2 Limetten
2 EL Kapern
100 ml Olivenöl

Für das Sashimi

300 g Thunfisch in Sashimi-Qualität
Blackened-Gewürzmischung
(Rezept siehe S. 137)
Öl zum Braten

Thai-Fleischbällchen
mit grüner Currysauce

1 Für die Sauce mit grüner Currypaste die Kokosnuss schälen, das Fruchtfleisch hobeln. Das Zitronengras mit der Klinge eines breiten Messers zerquetschen. Kokosnuss und Zitronengras mit den restlichen Zutaten vermengen.

2 Für die Fleischbällchen die Frühlingszwiebeln waschen und putzen. Den weißen Teil in feine Ringe schneiden. Koriander waschen und trockenschütteln. Die Blättchen von den Stängeln zupfen und fein hacken. Knoblauch abziehen und ebenfalls fein hacken. Orange heiß abspülen. Die Schale fein abreiben. Das Zitronengras mit der Klinge eines breiten Messers zerquetschen.

3 Hackfleisch, Frühlingszwiebeln, Koriander, Knoblauch, Orangenschale, Austernsauce, Muskatnuss, Süß-Sauer-Sauce und Ei vermengen. Limettengroße Bällchen aus der Masse formen.

4 Kokosmilch und Ananassaft mit Limettenblättern und Zitronengras aufkochen. Grüne Currysauce einrühren und salzen. Öl in einer Pfanne erhitzen. Bällchen in Stärke wälzen und von allen Seiten in dem Öl anbraten. Aus der Pfanne nehmen und auf Küchenkrepp abtropfen lassen. In die Kokos-Curry-Sauce geben und gar ziehen lassen. Mit Kokosnuss und Koriander bestreut servieren.

TIPP Zu den Thai-Fleischbällchen passen hervorragend Mangosalat von halbreifen Mangos (Rezept siehe S. 157) sowie Basmatireis.

Für 4 Personen

Für die Sauce mit grüner Currypaste

60–100 g frische Kokosnuss
1 Stängel Zitronengras
50 g grüne Currypaste
(aus dem Asialaden)
5 Limettenblätter

Für die Fleischbällchen

2 Frühlingszwiebeln
2 Stängel Koriander
2 Knoblauchzehen
1 unbehandelte Orange
1 Stängel Zitronengras
400 g Hackfleisch vom Schwein
400 g Hackfleisch vom Rind
2 EL Austernsauce
(aus dem Asialaden)
½ TL Muskatnuss, frisch gerieben
3 EL Süß-Sauer-Sauce
(aus dem Asialaden)
1 Ei
1 l ungesüße Kokosmilch
0,2 l Ananassaft
5 Limettenblätter
Salz
Öl zum Braten
Speisestärke
geschabte Kokosnuss und
Korianderblättchen zum Garnieren

Scharfe **Meeressuppe**
mit Garnelen und Fisch

Für 4 Personen

100 g Shiitake-Pilze
2 Möhren
2 Frühlingszwiebeln
125 g weißes Fischfilet
1 l Hühnerbrühe
Öl zum Braten
Sesamöl
125 g kleine, rohe Garnelen, geschält
125 g Krebsfleisch
3 Eier
2 EL Speisestärke
Gewürzmischung
(Rezept siehe Tipp)

1 Shiitake-Pilze putzen. Möhren schälen und in Streifen schneiden. Frühlingszwiebeln waschen, putzen und mitsamt Grün in Ringe schneiden. Fischfilet waschen, trockentupfen und in Würfel schneiden.

2 Die Brühe aufkochen. Öl in einer Pfanne erhitzen und die Pilze darin mit einem Spritzer Sesamöl scharf anbraten. Gemüse und Pilze in die Brühe geben und aufkochen. Meeresfrüchte und Fisch dazugeben und nochmals aufkochen.

3 Eier gut verschlagen und als Strahl in die Brühe fließen lassen, dabei langsam rühren. Die Speisestärke mit 2 Esslöffeln Wasser mischen und ebenfalls in die Brühe rühren. Noch einmal kurz aufkochen lassen und mit der Gewürzmischung abschmecken.

TIPP Eine Gewürzmischung für asiatische Fischsuppen können Sie ganz leicht selbst herstellen. Dazu je 2 Esslöffel Weißweinessig und dunkle Sojasauce, 1 Esslöffel Sesamöl sowie je ½ Esslöffel zerstoßenen schwarzen, weißen und Szechuanpfeffer verrühren. Größere Mengen der Gewürzmischung lassen sich in einem Glas mit Schraubverschluss mehrere Wochen aufbewahren.

Sie können die scharfe Meeressuppe auch mit verschiedenen Einlagen servieren, beispielsweise mit Spargelspitzen, vorgegarten Dim Sum, Wan-Tans, anderen Pilzen oder unseren thailändischen Fleischbällchen (Rezept siehe S. 61). Die Suppe eignet sich aber auch hervorragend als Begleiter zu Saté-Spießen.

Schwein aus dem Wok
mit Mandarinen

1 Für die Sauce den Szechuanpfeffer grob zerstoßen. Die Frühlingszwiebeln waschen und putzen. Nur den weißen Teil in Ringe schneiden. Szechuanpfeffer und Frühlingszwiebeln mit den restlichen Zutaten vermengen.

2 Für das Schweinefilet das Fleisch waschen und trockentupfen. In mundgerechte Stücke schneiden und diese in der Stärke wenden. Den Wok stark erhitzen. Das Öl hineingeben und mit erhitzen, bis es raucht. Das Fleisch im Öl von allen Seiten scharf, aber nur kurz anbraten und anschließend wieder herausnehmen.

3 Ingwer schälen und fein hacken. Knoblauch und Zwiebel abziehen; Knoblauch ebenfalls fein hacken, Zwiebel würfeln. Den Wok erneut erhitzen. Ingwer, Knoblauch, Zwiebelwürfel und Pinienkerne hineingeben und kurz anschwitzen. Das Fleisch wieder in den Wok geben. Mit der Sauce ablöschen und alles durchschwenken.

4 Mandarinen schälen – dabei die weiße Haut mit entfernen – und filetieren. Die Mandarinenfilets in den Wok geben, nochmals umrühren und sofort servieren.

TIPP Dazu passen Basmatireis und Mango-Chutney.

Für 4 Personen

Für die Sauce

1 EL Szechuanpfefferkörner
4 Frühlingszwiebeln
4 EL Öl
2 EL trockener Sherry
2 EL helle Sojasauce
2 TL Sesamöl
2 TL Rotweinessig
1 EL Zucker

Für das Schweinefilet

450 g Schweinefilet
2 EL Speisestärke
2 EL Öl
20 g Ingwer
2 Knoblauchzehen
1 große rote Zwiebel
120 g Pinienkerne
4 Mandarinen

Gaumen

zauber

Sehr exotisch

Verführerisch und so aufregend wie ein Ausflug in fremde Kulturen: Bloody Mary von Meeresfrüchten oder fruchtiges Masala-Ragout entzünden ein kulinarisches Feuerwerk zwischen Zunge und Gaumen. Also Augen zu und sich mit allen Sinnen weit weg träumen!

Gebratene **Shrimps**
auf grünem Papayasalat

Für 4 Personen

3 EL brauner Zucker

5 EL Limettensaft, frisch gepresst

2 Knoblauchzehen

100 g ungeröstete und ungesalzene
Erdnüsse

4 grüne, unreife Papayas

1 EL Jalapeño-Chilis
(aus dem Glas oder frisch)

2 EL frische gehackte Kräuter
(z. B. Minze, Koriander, Basilikum)

1 Prise gemahlener Kreuzkümmel

Salz

10 große gebratene, pikant gewürzte
Shrimps, geschält und längs halbiert

1   Den Zucker im Limettensaft auflösen. Knoblauch abziehen und hacken, Erdnüsse ebenfalls hacken. Papayas schälen, das Fruchtfleisch in dünne Scheiben hobeln. Papayas, Jalapeño-Chilis, Knoblauch, Erdnüsse und Kräuter vermengen. Kreuzkümmel, Salz und Limettenzucker zu einem Dressing verrühren. Das Dressing über den Papayasalat träufeln.

2   Den Salat auf vier Teller verteilen. Die Shrimps auf dem Salat anrichten und nach Belieben mit Tortillachips servieren.

TIPP Jalapeño-Chilis sind aus Mexiko stammende, eher kleine Paprikaschoten, die im Schärfegrad erheblich variieren können. Hierzulande gibt es sie meist nur eingelegt und klein geschnitten im Glas zu kaufen.

Exotischer Salat
mit Zitrus-Kräuter-Dressing

1 Für das Dressing Knoblauch abziehen. Ingwer schälen. Koriander und Minze waschen und trockenschütteln. Die Blättchen von den Stängeln bzw. vom Stiel zupfen. Knoblauch, Ingwer, Koriander und Minze hacken. Mit Limetten- und Orangenschale, Limettensaft, Sojasauce, braunem Zucker, Erdnussöl, Süß-Sauer-Sauce und Salz zu einem Dressing verrühren.

2 Für den Salat Chicorée und Radicchio waschen und in einzelne Blätter zerteilen. Pak Choi waschen. Den Strunk kreuzweise einritzen und den Kopf in einzelne Blätter teilen. Papaya schälen und in dünne Scheiben schneiden. Die Wasserkastanien in ein Sieb geben, abtropfen lassen und klein schneiden. Chicorée, Radicchio, Pak Choi, Papayascheiben und Wasserkastanien vermengen. Das Dressing über den Salat träufeln und den Salat auf vier Tellern anrichten.

Für 4 Personen

Für das Dressing

1 Knoblauchzehe
20 g Ingwer
2 Stängel Koriander
1 Stiel Minze
1 TL abgeriebene unbehandelte Limettenschale
1 TL abgeriebene unbehandelte Orangenschale
2 EL Limettensaft, frisch gepresst
2 EL dunkle Sojasauce
2 EL brauner Zucker
125 ml Erdnussöl
1 EL Süß-Sauer-Sauce (aus dem Asialaden)
1 TL Salz

Für den Salat

2 gelbe Chicoréestauden
1 Radicchio
2 kleine Pak Choi
1 Papaya
1 Dose Wasserkastanien (aus dem Asialaden)

Krabbenpfannkuchen
mit Koriander, Petersilie und Thymian

Für 4 Personen

800 g rohe Gambas, geschält und
vom Darmfaden befreit
Öl zum Braten
8 Stängel Koriander
8 Stängel glatte Petersilie
2 Knoblauchzehen
½ l geschlagene Sahne
2 EL frische Thymianblättchen
½ l Milch
3 Eier
3 EL Weizenstärke
150 g Mehl (Type 405)
Salz
schwarzer Pfeffer, frisch gemahlen

1 Die Gambas waschen und trockentupfen. 200 Gramm davon klein schneiden. Öl in einer Pfanne erhitzen und die klein geschnittenen Gambas darin kurz anbraten. Wenig salzen. Den Ofen auf 180 °C (Umluft 160 °C, Gas Stufe 2–3) vorheizen.

2 Koriander und Petersilie waschen und trockenschütteln. Die Blättchen von den Stängeln zupfen und fein hacken. Knoblauch abziehen und ebenfalls fein hacken. Restliche Gambas, Kräuter und Knoblauch mit dem Stabmixer fein pürieren und mit Milch, Eiern, Weizenstärke und Mehl zu einem Teig verarbeiten. Die Sahne unterheben, mit Salz und Pfeffer würzen. Falls der Teig zu flüssig ist, noch etwas Mehl unterheben.

3 Öl in einer großen Pfanne (28 cm Ø) erhitzen. Die Masse gleichmäßig einfüllen, die angebratenen Gambas darauf verteilen. Bei mittlerer Hitze 5 Minuten braten, bis die Unterseite knusprig ist. Den Pfannkuchen in eine feuerfeste Form geben und 10 Minuten im Ofen unter dem Grill überbacken. Nach Belieben mit Kräutern garniert servieren.

TIPP Zu diesem Krabbenpfannkuchen schmeckt die mexikanische Salsa ausgezeichnet. Das Rezept für die Salsa finden Sie auf Seite 141.

Bloody Mary
von Meeresfrüchten

1   Für die Marinade Schalotten und Knoblauch abziehen; Schalotten in feine Würfel schneiden, Knoblauch fein hacken. Chilischote längs halbieren, entkernen, waschen und ebenfalls fein hacken. Frühlingszwiebeln waschen und putzen. Nur den weißen Teil in feine Ringe schneiden. Oliven fein hacken, Limetten auspressen. Kirschtomaten waschen und halbieren.

2   Schalotten, Knoblauch, Chili, Frühlingszwiebeln, Oliven, Kirschtomaten, Petersilie und Koriander vermengen. Limettensaft, Ketchup, Tomatensaft, Worcestershiresauce und Wodka verrühren, mit Salz und Pfeffer abschmecken. Das Dressing über die Kräuter-Gemüse-Mischung geben und alles mit dem Stabmixer zu einer Marinade pürieren.

3   Die Jakobsmuscheln kurz abspülen, trockentupfen und in Scheiben schneiden. Die Limette auspressen. Die Jakobsmuscheln mit dem Limettensaft beträufeln, salzen. 15 Minuten im Kühlschrank durchziehen lassen. Anschließend in ein Sieb geben, abspülen, abtropfen lassen und trockentupfen.

4   Die Jakobsmuscheln in einer Schüssel mit der Marinade vermengen und 24 Stunden kalt stellen. Kurz vor dem Servieren vier Martini- oder andere Cocktailgläser im Tiefkühlfach anfrieren lassen. Die Jakobsmuscheln mit der Marinade auf die Martinigläser verteilen.

TIPP Zu diesem ungewöhnlichen »Cocktail« schmecken Käsecracker, gebackene Tortillas und Grissini sehr gut, aber auch Rohkost wie beispielsweise Stangensellerie.

Für 4 Personen

Für die Marinade

1,5 kg Schalotten
1 Knoblauchzehe
1 Chilischote
2 Frühlingszwiebeln
50 g grüne Oliven
4 Limetten
12 Kirschtomaten
50 g Petersilienblättchen
80 g Korianderblättchen
100 ml Tomatenketchup
4 cl Tomatensaft
1 Spritzer Worcestershiresauce
2 cl Wodka
Salz
schwarzer Pfeffer, frisch gemahlen

Für die Meeresfrüchte

150–200 g Jakobsmuscheln
1 Limette
Salz

Schweineröllchen
auf Tomatenragout

Für 4 Personen

Für die Schweineröllchen

4 Schweinelenden à 200 g
(Mittelstück)
Salz
schwarzer Pfeffer, frisch gemahlen
1 Messerspitze Cumin
(Kreuzkümmel)
20 Minzeblätter
50 g Korianderblättchen
8 Scheiben roher Schinken
150 g Manchego-Käse
Öl zum Braten

Für das Tomatenragout

1 kleine Zwiebel
2 Knoblauchzehen
Olivenöl zum Braten
1 TL geräucherter Paprika
(Pulver oder Glas)
50 g Kirschtomaten
100–150 ml Tequila
Zucker

Außerdem

1 Stängel Koriander
5–6 Minzeblätter

1 Für die Schweineröllchen die Schweinelenden waschen und trockentupfen. Jeweils im Ganzen mit einem Butterflyschnitt längs aufschneiden, aufklappen. Wie Rouladen plattieren. Mit Salz und Pfeffer würzen. Mit Cumin bestreuen sowie mit Minze und Korianderblättchen belegen. Jeweils 1 Scheibe Schinken darauf legen. Den Manchego-Käse fein hobeln und auf dem Schinken verteilen. Die Rouladen aufrollen, mit jeweils 1 Scheibe Schinken umwickeln und mit einer Rouladennadel fixieren. Auch von außen mit Salz und Pfeffer würzen.

2 Für das Tomatenragout Zwiebel und Knoblauch abziehen; Zwiebel in Würfel schneiden, Knoblauch fein hacken. In Olivenöl anschwitzen. Salzen. Paprika dazugeben, durchschwenken. Kirschtomaten waschen, halbieren und ebenfalls dazugeben. Mit Tequila ablöschen und 3 Minuten weiterköcheln lassen. Mit Salz, Pfeffer und Zucker abschmecken.

3 Den Ofen auf 180 °C (Umluft 160 °C, Gas Stufe 2–3) vorheizen. Öl in einer Pfanne erhitzen und die Schweineröllchen darin auf allen Seiten 10 Minuten braten. Anschließend etwa 2 bis 3 Minuten im Ofen fertig garen. In der Zwischenzeit Koriander waschen und trockenschütteln. Die Blättchen vom Stängel zupfen und fein hacken.

4 Die Röllchen schräg halbieren. Das Tomatenragout auf vier Teller verteilen und die Schweineröllchen darauf anrichten. Mit Koriander und Minze bestreut servieren und nach Belieben mit Zimt, Kreuzkümmel, Limettensaft, Chili und etwas Zucker gewürzten Reis dazu servieren.

In den Sand gesetzt –
der Weinkeller

Wahrscheinlich gibt es kaum einen anderen Ort auf der Welt, wo so viele gute Weine auf einmal tief in der Erde stecken wie im Rantumer Dünensand. Unmittelbar unter der Sansibar lagern bemerkenswerte 30 000 Flaschen, verteilt auf 1100 Positionen, und alle Etiketten tragen klangvolle Namen. Man müsste schon mehrere Millionen Euro hinblättern, wollte man den gesamten Bestand auf einmal für sich selbst haben. Auch wenn die Kostbarkeiten nicht aus Beutezügen von Piraten stammen – eine Vorstellung, die angesichts des überall präsenten Säbelkreuzes nahe liegt –, ist Sylt so gesehen eine Schatzinsel. Unmittelbar unter der Holzhütte befindet sich ein verzweigtes Gewölbe, das an einen alten und wehrhaften Schlosskeller erinnert und den strahlenden Lifestyle auf der Etage darüber augenblicklich vergessen lässt. Weinkeller gibt es viele, doch dieser hat es geschafft, zur Legende zu werden.

Beim Neubau der Sansibar 1982 mussten sich die Konstrukteure schon etwas Kluges einfallen lassen, um das Vorhaben im besten Sinne des Wortes erfolgreich in den Sand zu setzen: Der Teil der Düne, in dem sich heute der Weinkeller befindet, wurde nach einem speziellen Verfahren schockgefrostet und herausgehoben. Dann konnte mit dem Ausbau der Grube begonnen werden. Selbstverständlich darf nicht jeder auf Sylt solche Löcher in den Sand buddeln und darin etwas bauen – Herbert Seckler musste die Qual eines langwierigen und umfangreichen Genehmigungsverfahrens auf sich nehmen. Aber es hat sich gelohnt.

Weingenuss bei Kerzenschein

Wenn man über eine schmale Treppe unten im Allerheiligsten angekommen ist, muss man sich erst einmal an das Halbdunkel gewöhnen. Natürlich gibt es hier elektrisches Licht, aber es ist so sparsam dosiert, dass die vorhandenen Kerzen keineswegs nur als romantische Dekoration herhalten müssen. Gelegentlich bittet der Hausherr an einem langen Tisch zur Weinprobe. Kein risikoloses Unterfangen, denn während man trinkt und genießt und trinkt und genießt, stellt sich schon bald der berauschende Eindruck ein, dass sich der Himmel nicht über der Sansibar, sondern darunter befindet.

Da kann es schon einmal passieren, dass sich im matten Schein der Kerzen eine Behaglichkeit breitmacht, die mit dem Gefühl von Zeitlosigkeit einhergeht, und dann ist man zu allem Möglichen aufgelegt, nur nicht zum Zählen der Gläser.

Das eigentliche Weinlager schließt sich unmittelbar an. Strickjacke anziehen, denn jetzt wird es kühl, mehr als 18 °C dürfen es nicht sein. Der vordere Bereich repräsentiert einen Querschnitt hervorragender Weine aus europäischen Ländern und der Neuen Welt. Aus Deutschland beispielsweise ist die Crème de la Crème von Franz Künstler über Armin Diehl bis Dr. Joachim Heger versammelt. In der Mitte des Raums ein Gigant von überwältigenden 27 Litern: eine Flasche 2006er Riesling trocken, »Only Sansibar«, von Robert Weil. Was das Unikat kostet, ist Verhandlungssache, der Patron wartet noch auf jemanden, der mit ihm um den Preis feilscht. Oder aber der Koloss wird für karitative Zwecke versteigert, und dann könnte er 2500 bis 3000 Euro erzielen.

Echte Schätze im Dünensand: Aus dem Weinkeller der Sansibar, den einfallsreiche Konstrukteure in die Düne unter dem Restaurant bauten, kommen kostbare Raritäten, deren Umgebung rund um die Uhr streng überwacht wird.

Raritäten nicht nur zum Anschauen

In dem etwas kleineren Lager dahinter warten teuerste Rotweine, von einer Klimaanlage sanft umfächelt mit gleichbleibenden 16 °C bei 75 Prozent Luftfeuchtigkeit. Dann gibt es noch einen dritten Raum, wo die Kronjuwelen funkeln: etwa ein Petrus Pomerol für fast 1000 Euro und ein 2006er »Domaine Romanée Conti«aus dem Burgund für, nun ja, 4000 Euro. Der älteste Wein ist ein »Château La Tour Haut Brion«; der Burgunder aus dem Jahr 1949 wird für 750 Euro entkorkt. Sämtliche Flaschen dieser Abteilung dienen aber nicht als exotische Schauobjekte fürs Renommee, sondern kommen tatsächlich auf den Tisch, vielleicht nicht jeden Tag, aber gelegentlich schon. Müßig zu fragen, wer sich solche Preziosen leistet – Herbert Secklers zweite Passion neben dem Wein ist nämlich die Diskretion. Wer aber meint, er werde sich als Normalverdiener an diesem Wallfahrtsort nie eine Flasche Wein leisten können, der irrt: Die fast endlose Karte enthält auch Positionen für bescheidene 25 Euro. Damit man sich auch zu Hause über die Qualität neuer Entdeckungen im Angebot informieren kann, gibt es auf www.sansibar.de eine regelmäßige Weinkolumne. Darin werden vor allem die Weingüter vorgestellt, deren Erzeugnisse in das Sansibarprogramm aufgenom-

men wurden. Sommelier Matthias Emmert gibt zudem in einer Weinschule Tipps zum Umgang mit Wein, damit man sich mit einer 25-Euro-Flasche nicht allzu schwertut, wenn am Nebentisch eine der besonderen Raritäten eingeschenkt wird.

Auch zu Hause zu genießen

Keine Frage, eine Lagerstätte wie diese muss gut durchorganisiert sein. Das ist der Job von Angela Suckau. Die Kellermeisterin hat den gesamten Bestand systematisch nach Buchstaben und Zahlen geordnet, damit jede einzelne Flasche auf Anhieb gefunden werden kann. Und es soll ja schnell gehen, wenn die Bestellung vorliegt. Dann gibt der Kellner über Funk durch, was der Gast haben möchte, und schon nach wenigen Augenblicken kann die Flasche am Tisch entkorkt werden. Im Übrigen leistet sich das Haus mehrere Sommeliers, die sich in dem kaum überschaubaren Angebot bestens auskennen und zu jedem Gericht eine gute Empfehlung abgeben können.

Das Weinangebot, das zusammen mit dem Fachmann Michael Hamann entstand, hat entscheidend zum Charisma und wirtschaft-

lichen Erfolg der Sansibar beigetragen. Teure Werbung war noch nie ein Thema, eine gute Mundpropaganda erweist sich als viel wirkungsvoller. Damit die zahllosen Freunde der Sansibarweine sich aber nicht erst wieder beim nächsten Syltaufenthalt mit ihren Lieblingsbouteillen eindecken können, lassen sie sich den immer dicker werdenden Versandkatalog zuschicken und bestellen, was das Herz nach Absprache mit dem Bankkonto begehrt. Oder man genießt auf Reisen, denn Seckler liefert seine Weine auch an Fluggesellschaften, Kreuzfahrer und die Deutsche Bahn. Außerdem gibt es neben den Sansibar-Boutiquen eine ganze Reihe von Verkaufsstellen überall in Deutschland, wo man ebenfalls an die begehrten Flaschen kommt. Geliefert wird übrigens nicht aus dem Keller der Strandhütte, sondern aus zwei externen Lagern. Das eine steht gleich um die Ecke in Rantum, das größere bei Flensburg, wo rund 100 000 Flaschen für den Versand bereitstehen. Herbert Secklers Geschäftstüchtigkeit kam schon mehrfach offiziell zu Ehren, und einmal speziell in puncto Wein: Er wurde bei der Verleihung des Meininger Awards (eine Verlagsinitiative) mit dem Sonderpreis für den intelligenten Aufbau eines in Deutschland einzigartigen Weinhandels ausgezeichnet.

Ebenfalls nicht verpönt

Ach ja, frisch gezapftes Bier gibt es auch, und es wird angesichts der erlesenen Konkurrenz keineswegs belächelt. Vielmehr gibt es ein unauffälliges Kuriosum auf der Weininsel Sansibar: Der Markenname des Gebräus ist in zwei Findlinge gemeißelt, die den Weg durch die Dünen markieren.

In der Sansibar fällt der Gast zwar Piraten in die Hände, wie es das Logo des Restaurants bereits vermuten lässt, arm werden muss er dabei aber nicht unbedingt. In den Genuss der flüssigen Schätze aus dem Weinkeller kommt man auch schon für rund 25 Euro die Flasche. Wer gar nicht mehr weiß, was er trinken soll, fragt am besten einen der Sommeliers des Hauses.

Milchlammschulter
indische Art mit Kartoffeln

Für 4 Personen

20 g Ingwer
150 g Schalotten
6 Knoblauchzehen
1,2 kg Lammschulter ohne Knochen
3 kleine grüne Chilischoten
3 EL Öl
2 Zimtstangen
1 EL Korianderkörner mit Schale
4 grüne Kardamom-Kapseln mit Schale
1 EL Kurkuma
1 EL Garam Masala (aus dem Asialaden)
1 TL Korma (indische Sauce aus dem Asialaden)
5 EL Tomatenwürfel
600 g sehr kleine Kartoffeln
1 ½ EL Salz

1 Ingwer schälen und hacken. Schalotten und Knoblauch abziehen. Schalotten würfeln, Knoblauch hacken. Das Lammfleisch waschen und trockentupfen. In etwa 4 Zentimeter große Würfel schneiden. Chilischoten längs aufschneiden, entkernen, waschen und fein hacken. Den Ofen auf 200 °C (Umluft 180 °C, Gas Stufe 4) vorheizen.

2 Das Öl in einem großen, feuerfesten Topf erhitzen und Zimt, Koriander und Kardamom etwa 2 Minuten darin anbraten. Nach und nach Ingwer, Schalotten und Knoblauch dazugeben und andünsten. Das Fleisch hinzufügen, anbraten. Chili, Kurkuma, Garam Masala, Korma und Tomaten dazugeben und mitgaren. Mit 250 Milliliter Wasser ablöschen, aufkochen lassen. 800 Milliliter Wasser angießen, zudecken. Den Topf für 20 Minuten auf die mittlere Schiene in den Ofen stellen.

3 Kartoffeln schälen und waschen. In den Topf geben und alles zugedeckt weitere 20 Minuten garen. Anschließend den Deckel abnehmen, die Hitze auf 140 °C (Umluft 120 °C, Gas Stufe 1) reduzieren und 45 Minuten fertig garen. Vor dem Servieren mit Salz abschmecken.

TIPP Als Milchlamm bezeichnet man junge Lämmer, die noch Muttermilch aufnehmen; ihr Fleisch ist besonders zart und aromatisch. Zu unserem indischen Milchlamm passen blanchierte Schneidebohnen sehr gut.

Jakobsmuscheln
mit grünem Baby-Spargel

1 Knoblauch und Schalotten abziehen und fein hacken. Die Tomaten mit heißem Wasser überbrühen, häuten und entkernen. Das Fruchtfleisch fein würfeln. Öl und Butter in einem Topf erhitzen und Knoblauch und Schalotten kurz darin anschwitzen. Thymian, Tomaten, Cayennepfeffer, Paprikapulver, Austernsauce, Noilly Prat und Sahne einrühren. Alles etwas einkochen lassen und beiseite stellen.

2 Jakobsmuscheln kurz abspülen und trockentupfen. Baby-Spargel waschen, von den holzigen Enden befreien und quer halbieren. Etwas Olivenöl in einer Pfanne stark erhitzen und die Jakobsmuscheln darin etwa 2 Minuten schwenken. Den Spargel dazugeben und ganz kurz anbraten. Mit der Sauce ablöschen und vor dem Servieren alles noch einmal gut durchschwenken. Nach Belieben mit Rote-Bete-Sprossen garniert servieren.

TIPP Zu den Jakobsmuscheln schmeckt beispielsweise Kartoffelpüree mit gerösteten Knoblauchchips (Rezept siehe »Ananassalsa«, S. 146). Sie können aber auch einfach nur etwas verrührten Mascarpone dazu servieren.

Für 4 Personen

5 Knoblauchzehen
2 Schalotten
2 Tomaten
Olivenöl zum Braten
50 g Butter
1 EL frische Thymianblättchen
½ TL Cayennepfeffer
½ TL mildes Paprikapulver
3 EL Austernsauce
50 ml Noilly Prat
250 g Sahne
20 Jakobsmuscheln ohne Rogen
100 g grüner Baby-Spargel

Schmor-**Schweinebauch**
mit Sternanis und Meerrettich

Für 4 Personen

1,8 kg Schweinebauch mit Schwarte,
ohne Knochen und Knorpel
2 Frühlingszwiebeln
20 g Ingwer
2 EL Öl
2 Zimtstangen
3 Sternanis
5 Stängel Koriander
80 g brauner Zucker
Salz
schwarzer Pfeffer, frisch gemahlen
1 l Hühnerbrühe
200 ml Apfelsaft
2 Äpfel
1 EL Meerrettich, frisch gerieben

1 Den Schweinebauch waschen und trockentupfen. In etwa 5 x 5 Zentimeter große Stücke schneiden. Frühlingszwiebeln waschen, putzen und in etwa 5 Zentimeter große Stücke schneiden. Ingwer schälen und in Scheiben schneiden.

2 Das Öl in einem feuerfesten Topf stark erhitzen und nacheinander Frühlingszwiebeln, Ingwer, Zimt und Sternanis darin 3 Minuten anschwitzen. Den Koriander dazugeben. Zucker hinzufügen und das Gemüse leicht glasieren.

3 Die Schweinebauchwürfel in dem glasierten Gemüse von allen Seiten anbraten. Mit Salz und Pfeffer würzen. Weiterbraten. Mit Brühe und Apfelsaft ablöschen. Bei 80 °C (Umluft 60 °C, Gas Stufe 1) in den Backofen schieben und 6 Stunden ohne Deckel schmoren lassen; gelegentlich eine Garprobe machen und die Sauce ab und zu umrühren.

4 Äpfel schälen und reiben. Das Fleisch aus dem Topf nehmen, warm stellen. Die Sauce entfetten und durch ein Sieb passieren. In einen Topf geben, etwas einkochen lassen und mit geriebenem Apfel und Meerrettich binden.

5 Das Fleisch auf vier Tellern anrichten, mit der Sauce begießen und nach Belieben mit gebratenem Chinakohl (Rezept siehe S. 153), Reis oder gedämpften Tortillafladen aus Weizenmehl servieren.

TIPP Besonders aromatisch wird der geschmorte Schweinebauch, wenn Sie das Fleisch schon einige Stunden vorher mit den Gewürzen marinieren. Für die gedämpften Tortillafladen die Fladen einige Minuten mit einer Tasse heißem Wasser in den Ofen legen und erwärmen. Zum Servieren aufrollen.

Fruchtiges **Masala-Ragout**
mit griechischem Joghurt

1 Für die Gewürzmischung das Öl in einem Topf erhitzen und Zimtstangen, Kardamom-Kapseln, Sternanis sowie Fenchelsamen 2 bis 3 Minuten darin anrösten, bis
die Gewürze zu duften beginnen.

2 Für das Ragout die Zwiebeln abziehen und in Würfel schneiden. Ingwer schälen
und hacken. Die Tomaten mit heißem Wasser überbrühen, häuten und entkernen.
Das Fruchtfleisch fein würfeln. Die getrockneten Aprikosen in Streifen schneiden.

3 Das Öl in einem zweiten Topf erhitzen und Zwiebeln und Ingwer darin andünsten.
Gewürzmischung, Currypaste und Korma unterrühren und ebenfalls andünsten.
Mit Kurkuma, Cuminsamen und Garam Masala würzen. Die Tomaten dazugeben und
alles etwa 15 Minuten bei geringer Hitze köcheln lassen. Die Aprikosen hinzufügen, mit
Salz abschmecken. Den Joghurt verquirlen und unterrühren.

TIPP Zu diesem fruchtigen Masala-Ragout passen knusprig gebratene
Rotbarschfilets mit Haut, Hähnchenbrustfilets, Red Snapper (Rezept siehe
S. 85) oder Lammkarree.

Für 4 Personen

Für die Gewürzmischung

1 EL Öl
2 Zimtstangen
10 grüne Kardamom-Kapseln
5 Sternanis
1 TL Fenchelsamen

Für das Ragout

300 g Zwiebeln
30 g Ingwer
600 g Tomaten
250 g getrocknete Aprikosen
2 EL Öl
3 EL Tikka-Currypaste
(aus dem Asialaden)
2 EL mildes Korma
(indische Sauce aus dem Asialaden)
1 EL Kurkuma
1 EL Cuminsamen (Kreuzkümmel)
1 EL Garam Masala
(aus dem Asialaden)
Salz
125 g griechischer Joghurt

Red **Snapper**
mit Zitronengraskruste

1 Für die Marinade die Minzeblättchen hacken und mit Dijon-Senf, Orangenmarmelade, Wasabipaste und Senfpulver zu einer cremigen Paste verrühren. Mit Salz und Pfeffer abschmecken.

2 Für die Sauce die Schalotte abziehen und fein hacken. Macadamianüsse in einer Pfanne ohne Fett anrösten, etwas abkühlen lassen und grob hacken. Die Schalotte mit Weißwein, Limettensaft und Passionsfrucht-Fruchtfleisch in einen Topf geben, aufkochen und auf etwa zwei Drittel einreduzieren lassen. Die gehackten Nüsse unterrühren und mit der kalten Butter montieren.

3 Für den Fisch die Red-Snapper-Filets waschen und trockentupfen. Mit Salz und Pfeffer würzen und auf allen Seiten mit der Marinade bestreichen. 1 bis 2 Stunden kalt stellen. Den Ofen auf 160 °C (Umluft 140 °C, Gas Stufe 1) vorheizen.

4 Den Fisch nach dem Marinieren in der Mischung für die Zitronengraskruste wälzen. Das Olivenöl in einer Pfanne erhitzen und den Fisch darin auf beiden Seiten etwa 5 Minuten braten. Zum Fertiggaren für 10 Minuten in den Ofen stellen. Die Sauce als Spiegel auf Teller geben und die Red-Snapper-Filets darauf setzen. Nach Belieben geröstete Chapatis (indische Brotfladen) dazu servieren.

TIPP Um die Mischung für die Zitronengraskruste zuzubereiten, 220 Gramm Panko-Mehl aus dem Asialaden, 110 Gramm geröstete, fein gehackte Mandeln, 3 Esslöffel fein gehackte Minze, je 2 Esslöffel Petersilie, Koriander und Basilikum, 2 Esslöffel fein gehacktes Zitronengras und 1 Esslöffel frischen, gehackten Ingwer vermengen.

Für 4 Personen

Für die Marinade

2 EL Minzeblättchen
3 EL Dijon-Senf
3 EL bittere Orangenmarmelade
2 TL Wasabipaste
1 TL Senfpulver
Salz
schwarzer Pfeffer, frisch gemahlen

Für die Sauce

20 g Schalotten
200 g Macadamianüsse
200 ml Weißwein
2 EL Limettensaft, frisch gepresst
2 EL Passionsfrucht-Fruchtfleisch, püriert
100 g kalte Butter

Für den Fisch

2 Red-Snapper-Filets à etwa 200 g, ohne Haut
3–4 EL Mischung für Zitronengraskruste (Rezept siehe Tipp)
4–6 EL Olivenöl

Löffel

lüste

Für tiefe Teller

Die Köche der Sansibar sind wirklich rührend, wenn sie ihre Süppchen kochen. Was dann auf den Tisch kommt, gleicht wahren Wonnen: Auf großer Flamme brodeln Muscheln mit Safran, an heißen Tagen locken erfrischende Kaltschalen wie Mandeln mit Knoblauch.

Rote-Bete-Cup
mit Sahne und Dillspitzen

Für 4 Personen

1 mittelgroße Zwiebel
1 mehligkochende Kartoffel
Butter zum Braten
½ l kräftiger Geflügelfond
1 Glas Rote Bete à 600 g
250 g Sahne
Salz
schwarzer Pfeffer, frisch gemahlen
Dillspitzen zum Garnieren

1 Zwiebel abziehen und fein würfeln. Kartoffel schälen, waschen und ebenfalls fein würfeln. Die Butter in einem Topf zerlassen und Zwiebel und Kartoffel darin glasig dünsten. Mit dem Geflügelfond aufgießen und etwa 10 Minuten bei geringer Hitze köcheln lassen.

2 Die Rote Bete in ein Sieb abgießen, dabei den Saft auffangen. Größere Stücke in Scheiben schneiden. Die Rote Bete und die Hälfte des aufgefangenen Safts etwa 5 Minuten in der Suppe mitköcheln lassen. Anschließend alles mit dem Stabmixer fein pürieren und durch ein feines Sieb streichen.

3 Die Sahne und den restlichen aufgefangenen Rote-Bete-Saft zur Suppe geben und alles nochmals aufkochen. Mit Salz und Pfeffer würzen. Die Suppe in tiefe Teller füllen und mit Dillspitzen garnieren. Nach Belieben mit knusprig frittierten Gemüse-frühlingsrollen, Zanderklößchen, Nordseekrabben, in Butter gebratenen Apfelscheiben oder Mini-Frikadellen servieren.

Möhrensuppe
mit Ingwer und Orangensaft

1 Möhren schälen und in Würfel schneiden. Zwiebel abziehen und fein würfeln. Ingwer schälen und fein hacken. Die Butter in einem Topf zerlassen und Möhren, Zwiebel und Ingwer darin andünsten. Mit Zucker und Cayennepfeffer bestäuben. Mit der Hühnerbrühe sowie dem Orangen- und Möhrensaft auffüllen und 30 Minuten kochen lassen.

2 Die Suppe mit dem Stabmixer pürieren und durch ein Sieb streichen. Mit Salz abschmecken und nach Belieben mit frittiertem Kartoffelstroh, gebackenen Mini-Gemüsefrühlingsrollen, Samoosas – kleinen, pikanten Krapfen –, Eismeerkrabben aus der Dose oder Fischwürfeln im Tempuramantel servieren.

TIPP Besonders gut schmeckt die Möhrensuppe mit Ingwer und Orangensaft auch, wenn sie mit selbst gemachtem Ingweröl beträufelt wird. Dazu etwas Ingwerschale in Pflanzenöl einlegen und drei Wochen bei Zimmertemperatur ziehen lassen.

Für 4 Personen
500 g Möhren
1 Zwiebel
10 g Ingwer
150 g Butter
3 EL Zucker
1 TL Cayennepfeffer
½ l Hühnerbrühe
¼ l Orangensaft
1 l Möhrensaft, am besten frisch gepresst
Salz

Spicy Muschelsuppe
mit Zitronengras und Ingwer

Für 4 Personen

2 Knoblauchzehen
5 Stängel Koriander
1 TL schwarze Pfefferkörner
1 l Hühnerbrühe
1 unbehandelte Limette
3 Stängel Zitronengras
5 Scheiben frischer Ingwer
4 Tomaten
5 getrocknete rote Chilischoten
1,5 kg Miesmuscheln
Salz

1 Knoblauch abziehen und fein hacken. Koriander waschen und trockenschütteln. Die Blättchen von den Stängeln zupfen und ebenfalls fein hacken. Knoblauch und Koriander mit den Pfefferkörnern in der Brühe aufkochen.

2 Die Limette heiß abspülen und trocknen. Die Schale mit einem Zestenreißer fein abreiben, die Limette auspressen. Das Zitronengras grob hacken. Limettenzesten und Zitronengras mit dem Ingwer in die Brühe geben, nochmals aufkochen.

3 Die Tomaten mit heißem Wasser überbrühen, häuten, vierteln und entkernen. Die Chilischoten fein hacken. Die Muscheln unter fließendem Wasser abbürsten, geöffnete Muscheln wegwerfen. Die Tomaten mit den Muscheln in die Suppe geben und alles 10 Minuten köcheln lassen. Mit Chili, 4 Esslöffeln Limettensaft und Salz würzen. Die Suppe heiß auf vier Teller verteilen, dabei die ungeöffneten Muscheln aussortieren und wegwerfen.

TIPP Zu dieser würzigen Muschelsuppe passen Mango-Chutney – aus dem Glas oder selbst gemacht –, kross gebratene Frühstücksspeckstreifen oder geröstetes Brot mit einer Mischung aus griechischem Joghurt und roter Currypaste.

Bretonische **Fischsuppe**
mit Safran und Estragon

1 Schalotten und Knoblauch abziehen und in feine Würfel schneiden. Fenchel und Möhre waschen, putzen und ebenfalls in feine Würfel schneiden. Die Tomate waschen, entkernen und fein würfeln. Das Olivenöl in einem Topf erhitzen und Schalotten, Knoblauch und Gemüse darin andünsten. Safran und Fischstücke dazugeben und kurz mit anschwitzen. Mit Weißwein ablöschen und mit Fischfond, Pernod und Noilly Prat auffüllen. Etwa 10 Minuten leicht einkochen lassen.

2 Die Suppe mit dem Stabmixer pürieren und durch ein feines Sieb passieren. Die Sahne einrühren und aufkochen lassen. Mit Salz, Pfeffer und Zitronensaft abschmecken. Die Fischfilets und die Garnelen waschen und trockentupfen; die Fischfilets in Würfel schneiden. Fisch und Garnelen in die heiße Suppe geben und darin gar ziehen lassen. Mit dem frischen Estragon bestreut servieren.

Für 4 Personen

3–4 Schalotten
1 Knoblauchzehe
1 Fenchelknolle
1 kleine Möhre
1 Tomate
2 EL Olivenöl
1 Döschen Safranfäden
250 g Fischstücke nach Belieben
50 ml Weißwein
1 l Fischfond
30 ml Pernod
30 ml Noilly Prat
200 g Sahne
Salz
schwarzer Pfeffer, frisch gemahlen
Zitronensaft, frisch gepresst
150 g Fischfilets
150 g küchenfertige Garnelen
einige Stängel frischer Estragon

Sylt –
verlorene Insel?

Sylt ist Emotion: Wenn der Name fällt, bekommen manche Menschen eine Gänsehaut, er klingt und blinkt nach Sommer, Sand und Glamour. Sylt ist Inbegriff fürs Urlaubmachen, hier ist immer Saison. Der Weststrand gehört zu den schönsten überhaupt, an ihm schmeckt man die Nordsee pur. Mit dem Meer aber verbindet die Insel eine Hass-Liebe, denn die Wellen lecken sich jedes Jahr aufs Neue ins Land hinein, und man muss unter großen Anstrengungen jede Menge Sand anschütten, um verlorenes Terrain zurückzugewinnen. Falls Klimaexperten recht behalten, wird es die Insel in einigen Jahrzehnten nicht mehr geben. Die Maße eines Erdteils besitzt sie ja nicht: Sie liegt direkt unterhalb der dänischen Grenze, ist keine 39 Kilometer lang, an ihrer stärksten Stelle 4000 und ihrer schlanksten nur 400 Meter breit. Die Hälfte des Gebiets steht übrigens unter Landschafts- und Naturschutz.

In Hörnum, an der Südspitze der Insel, erhebt sich als Wahrzeichen Sylts ein
34 Meter hoher Leuchtturm, der seit 1907 als See- und Orientierungsfeuer dient.

Wenn das Meer nicht wäre, wären vermutlich auch nie Badegäste vom Festland in die einst armen Fischerdörfer gereist. Ab 1855 erholten sich hier die ersten, hauptsächlich Ärzte und Kaufleute. Und bereits als 1920 in Westerland der Ballsaal »Trocadero« öffnete, wurde das Eiland in der Folgezeit zum Wallfahrtsort für die Schönen und Reichen: Marlene Dietrich, Josephine Baker, Hans Albers und Max Schmeling probierten hier neue Modetänze aus. Musik kam live von ebensolchen Berühmtheiten: Barnabas von Géczy, Will Glahé oder Teddy Stauffer. Irgendwann sah man auf der Insel auch Dichter und Schriftsteller, Verleger und Wirtschaftsbosse, schließlich Oswald Kolle, Romy Schneider und den ganzen Jetset rund um Film, Fernsehen und Sport. Inzwischen kommen auch die Briten und Amerikaner. Sylt lässt sich nicht losgelöst von seinen Besuchern beschreiben. Und nicht von denen, die hier begraben liegen, etwa Rudolf Augstein oder Peter Suhrkamp. Sie alle haben die Insel maßgeblich geprägt, ihre Entwicklung und Kultur mitbestimmt. Herbert Seckler möchte einmal auf dem Friedhof von Keitum liegen, aber ganz bescheiden. »Da reicht die zweite Reihe«, sagte er einmal.

Selleriesuppe
mit Kartoffeln und Lauch

Für 4 Personen

300 g Selleriestangen
300 g Sellerieknolle
2 Schalotten
1 Stange Lauch
100 g Butter
Salz
schwarzer Pfeffer, frisch gemahlen
120 g Kartoffeln
600 ml Hühnerbrühe
400 g Sahne
ein Spritzer Weißweinessig

1 Selleriestangen waschen, putzen, von den Fäden befreien und klein schneiden. Sellerieknolle schälen und ebenfalls klein schneiden. Schalotten abziehen und fein würfeln. Lauch waschen und putzen; den weißen Teil in feine Streifen schneiden. Die Butter in einer Pfanne zerlassen und Sellerie, Schalotten sowie Lauch darin glasig dünsten. Leicht mit Salz und Pfeffer würzen. Beiseite stellen.

2 Kartoffeln schälen, waschen und in feine Scheiben schneiden. Die Brühe in einem Topf erhitzen und die Kartoffelscheiben mit der Sahne darin 15 Minuten kochen. Die Suppe mit einem Stabmixer pürieren und durch ein Sieb streichen.

3 Die Selleriemischung in die Kartoffelsuppe geben und alles noch einmal aufkochen. Mit Essig, Salz und Pfeffer abschmecken und nach Belieben mit etwas weißem Trüffelöl beträufelt servieren.

TIPP Zu unserer Selleriesuppe passen verschiedene leckere Einlagen, beispielsweise verlorene Eier, gebratene Langostinen, Nordseekrabben, Räucherlachsscheiben oder mit Paprika gewürzte Kartoffelchips.

Safransuppe
mit Muscheln und Weißwein

Für 4 Personen

1 Zwiebel
2 Stangen Sellerie
1 Stange Lauch
50 g Butter
2 TL Jaipur-Curry
(aus dem Asialaden)
1 Döschen Safran
1 Zweig Rosmarin
2,5 kg Miesmuscheln
400 ml Weißwein
300 ml Hühner- oder Fischbrühe
300 g Sahne
Salz
schwarzer Pfeffer, frisch gemahlen
ein Schuss Pernod oder Pastis
(französischer Anisschnaps)

1 Zwiebel abziehen und in feine Scheiben schneiden. Sellerie waschen, putzen und ebenfalls in feine Scheiben schneiden. Lauch waschen und putzen; den weißen Teil in feine Streifen schneiden. Die Butter in einem großen Topf zerlassen und das Gemüse darin leicht andünsten. Curry, Safran und Rosmarin dazugeben.

2 Die Muscheln unter fließendem kaltem Wasser abbürsten, geöffnete Muscheln wegwerfen. Mit Wein und Brühe zu dem angedünsteten Gemüse geben. Zugedeckt so lange kochen lassen, bis sich die Muscheln geöffnet haben; Muscheln, die sich nicht öffnen, ebenfalls wegwerfen.

3 Die Muscheln aus der Suppe fischen. Das Muschelfleisch auslösen, den Bart entfernen. Warm stellen. Die Suppe durch ein feines Sieb in einen Topf gießen, den ausgefilterten Rest wegwerfen. Sahne in die Suppe rühren und die Suppe auf die Hälfte einkochen. Sie sollte leicht sämig sein.

4 Suppe erneut aufkochen und mit Salz, Pfeffer und Pernod oder Pastis abschmecken. Das Muschelfleisch auf vier Teller verteilen und die heiße Suppe darüber gießen.

TIPP Eine köstliche Variante dieser Safransuppe mit Muscheln ergibt die Zugabe von 150 Gramm weißen Fischwürfeln oder in Scheiben geschnittenen rohen Kartoffeln; geben Sie Fisch und Kartoffeln nach der Sahne in die Suppe.
Als Topping bieten sich Schnittlauch, Knoblauchcroûtons oder frittierte Petersilie an; oder Sie reichen eine leichte Aioli oder Spinat- bzw. Ricotta-ravioli dazu.

Dünen-Süppchen
mit Estragon-Algen-Landschaft

Für 4 Personen

100 g Fischfilets (z. B. Zander,
Steinbutt, Hecht)
ca. 40 Estragonblätter
ca. 40 Paspiere-Algen
250 g Sahne
1 Ei
Salz
schwarzer Pfeffer, frisch gemahlen
1 TL Limettensaft, frisch gepresst
1 Prise Cayennepfeffer
ca. 1 l klare Fischbrühe (Instant oder
selbst gemacht)

1 Den Ofen auf 200 °C (Umluft 180 °C, Gas Stufe 3–4) vorheizen. Die Fischfilets waschen und trockentupfen. Den Estragon ebenfalls waschen und trockentupfen. Die Paspiere-Algen waschen; die Spitzen abschneiden, den Rest entsorgen. Die Fischfilets, die Sahne und das Ei mit dem Stabmixer zu einer Farce pürieren; mit Salz, Pfeffer, Limettensaft und Cayennepfeffer würzen.

2 Vier ungefettete Suppenschalen am Boden gleichmäßig mit der Farce ausstreichen. Die Estragonblätter und die Paspiere-Algenspitzen senkrecht wie Grashalme in die Masse stecken. Die Schalen mit Alufolie gut verschließen, in ein heißes Wasserbad stellen und etwa 10 Minuten im Ofen stocken lassen.

3 Die Fischbrühe erhitzen und heiß in die Suppenschalen geben. Die Suppe nach Belieben mit Tomatenwürfeln, Grissini, Bruschetta, Aioli oder Rouille – der Sauce, die traditionellerweise zur Bouillabaisse gereicht wird – servieren.

TIPP Statt des Fischs können Sie für unser Dünen-Süppchen auch Shrimps verwenden. Eine Fischbrühe können Sie aus Fischfond, Fenchel, Zwiebeln, Tomaten, Pernod und Safran ganz leicht selbst herstellen.

Kürbissuppe
mit Zimt und Sternanis

1 Zwiebel abziehen und fein hacken. Das Kürbisfleisch in Würfel schneiden. Lauch waschen und putzen, den weißen Teil in feine Streifen schneiden. Die Butter in einem Topf zerlassen und Zwiebel, Kürbis sowie Lauch darin andünsten. Mit der Hühnerbrühe ablöschen.

2 Zimtstange und Sternanis in die Suppe geben. Die Suppe so lange kochen, bis der Kürbis weich ist. Anschließend die Zimtstange und den Sternanis entfernen. Die Suppe mit dem Stabmixer pürieren und durch ein grobes Sieb streichen. Mit Salz, Pfeffer, Zucker und einem Schuss Apfelessig abschmecken.

TIPP Als Topping passen zu dem leckeren Kürbissüppchen ausgezeichnet geröstete Kürbiskerne, einige Spritzer Kürbiskernöl, gebratene Speckstreifen oder knusprige Croûtons. Hervorragend schmeckt die Suppe auch mit gebratenen Wachtelbrüstchen oder Nordseekrabben.

Für 4 Personen

1 große Zwiebel
1 kg Kürbisfleisch
(Hokkaido oder Muskat)
1 Stange Lauch
125 g Butter
1 ½ l Hühnerbrühe
1 Zimtstange
2 Sternanis
Salz
schwarzer Pfeffer, frisch gemahlen
Zucker
Apfelessig

Schwarzwurzelsuppe
mit Muskat und Zitrone

Für 4 Personen

500 g Schwarzwurzeln
Salz
1 dicke Zitronenscheibe
50 g Butter
1 l Hühnerbrühe
Muskatnuss, frisch gerieben
2 Zitronen
250 g Sahne
schwarzer Pfeffer, frisch gemahlen
Zucker

1 Schwarzwurzeln schälen und in 2 Zentimeter große Stücke schneiden. In einem Topf Wasser zum Kochen bringen, salzen und die Schwarzwurzeln mit der Zitronenscheibe darin in 3 Minuten halbgar kochen. Abgießen, die Zitronenscheibe entsorgen.

2 Die Butter in einem Topf zerlassen und die Schwarzwurzeln darin kurz anschwitzen. Hühnerbrühe angießen und die Flüssigkeit auf drei Viertel einkochen lassen. Mit Muskat würzen.

3 Zitronen auspressen. Die Hälfte der Schwarzwurzeln aus der Suppe nehmen. Die Suppe mit dem Stabmixer pürieren, Sahne einrühren und alles noch einmal durchkochen. Die Schwarzwurzeln wieder in die Suppe geben, aufkochen lassen und mit Salz, Pfeffer, Zucker und Zitronensaft abschmecken.

TIPP Edler wird der Klassiker Schwarzwurzelsuppe, wenn Sie dazu knusprig gebackenen Schweinebauch mit Apfelscheiben – durch Bierteig gezogen und frittiert –, kleine Streifen von Graved Lachs, panierte und gebratene Jakobsmuscheln oder Stremel-Lachs – d. h. heiß geräucherten Lachs – mit Trüffelöl servieren.

Mandel-**Knoblauch**-Suppe
kalt serviert

1 Die gemahlenen Mandeln mit der Milch und 800 Milliliter Wasser verrühren. Salzen. Die Mischung etwa 12 Stunden – am besten über Nacht – kalt stellen.

2 Knoblauch abziehen und die Zehen etwa 1 Minute in kochendem Salzwasser blanchieren. Das Toastbrot entrinden und zu Bröseln reiben. Knoblauch, Toastbrösel, Weißweinessig und die Mandelmischung mit dem Stabmixer pürieren. Ganz zum Schluss das Olivenöl in einem dünnen Strahl einfließen lassen und unterrühren. Die Mandel-Knoblauch-Suppe bis zum Servieren kalt stellen.

TIPP Garnieren Sie die ungewöhnliche Suppe, mit der Sie Ihre Gäste überraschen können, mit etwas Aceto balsamico, halbierten Mandeln, halbierten Weintrauben oder gebackenen, warmen Oliven. Das Rezept zu Letzteren finden Sie auf Seite 153.

Für 4 Personen

300 g gemahlene Mandeln
70 ml Milch
Salz
3 Knoblauchzehen
100 g trockenes Toastbrot
3 EL Weißweinessig
200 ml Olivenöl

Kalte Gurkensuppe
mit Bohnen und Ricotta

Für 4 Personen

1 ½ Salatgurken
Salz
1 Schalotte
60 ml Olivenöl
250 g grüne Bohnen aus der Dose
250 g Buttermilch
1 TL Cayennepfeffer
1 EL Limettensaft, frisch gepresst
120 g Ricotta

1 Salatgurken schälen, längs halbieren und entkernen. 1 Gurke in Stücke schneiden, die restliche halbe Gurke in Streifen schneiden. Die Gurkenstreifen beiseite stellen. Die Gurkenstücke salzen und 30 Minuten ziehen lassen. In ein Sieb geben, kurz mit Wasser abspülen und abtropfen lassen.

2 Schalotte abziehen und in Würfel schneiden. Das Olivenöl in einem Topf erhitzen und die Schalottenwürfel darin andünsten. Bohnen dazugeben und alles durchschwenken. Erkalten lassen.

3 Die Bohnen mit den Gurkenstücken und der Buttermilch vermengen und mit dem Stabmixer pürieren. Mit Salz, Cayennepfeffer und Limettensaft abschmecken. Kalt stellen. Den Ricotta auf vier Teller verteilen und die kalte Suppe darüber gießen. Mit den Gurkenstreifen garniert servieren.

TIPP Als Topping für das kalte Gurkensüppchen eignen sich Limettenöl, grünes Pesto, Streifen von gekochtem Schinken, Tomatenwürfel, Dillspitzen sowie Räucher- und Graved Lachs.

Getrüffelte Spinatsuppe
mit Kartoffeln und Speck

1 In einem Topf Wasser zum Kochen bringen und etwas Salz hineingeben. Petersilie waschen, trockenschütteln und von den dicken Stängeln befreien. Spinat verlesen, waschen und trockentupfen. Petersilie in das kochende Salzwasser geben, wenig später den Spinat hinzufügen. Etwa 3 Minuten kochen lassen. Petersilie und Spinat aus dem Wasser nehmen, kalt abspülen und ausdrücken. Mit dem Stabmixer pürieren und durch ein grobes Sieb streichen. Kalt stellen.

2 Räucherspeck in Scheiben schneiden. Kartoffeln schälen, waschen und ebenfalls in Scheiben schneiden. Die Hühnerbrühe in einem großen Topf erhitzen, Speck und Kartoffeln hineingeben. Auf etwa ¾ Liter einkochen lassen. Speck herausnehmen, Sahne dazugeben.

3 Eier wachsweich kochen, pellen und halbieren. Das Spinat-Petersilien-Püree mit dem Trüffelöl würzen und mit Salz und Pfeffer abschmecken. In die Suppe rühren. Die Suppe auf vier Teller verteilen und jeweils 2 Eierhälften in die Mitte setzen.

TIPP Reichen Sie zur getrüffelten Spinatsuppe gebratene Speckstreifen, Croûtons, Rouille oder auch kleine gebratene Rotbarschwürfel oder warmes Möhrenpüree.

Für 4 Personen

Salz
100 g glatte Petersilie
300 g frischer Spinat
50 g geräucherter Speck
120 g Kartoffeln
1 l Hühnerbrühe
200 g Sahne
4 Eier
einige Tropfen Trüffelöl
schwarzer Pfeffer, frisch gemahlen

Favor

iten

Sansibar
Spezial

Feine Lebensart: Dass in der berühmten Strandküche nicht hoch-
gestochen gekleckert, sondern vorzüglich geklotzt wird, gehört zu
ihren herausragenden Tugenden. So gehören zu den unverwechselbaren Sansibar-Kreationen etwa Gambas in Melassesauce.

Kabeljau aus dem Ofen
mit pikanter Senfsauce

Für 4 Personen

Für die Senfsauce

250 g Schalotten
75 g Butter
2 Lorbeerblätter
1 TL Pimentkörner
3 Nelken
1 l Hühnerbrühe
125 g Sahne
200 g scharfer Senf
Salz
Zucker
30–40 g eiskalte Butterwürfel zum Binden

Für den Kabeljau

2 Schalotten
30 g Butter
4 Kabeljaufilets à 200 g
schwarzer Pfeffer, frisch gemahlen
125 ml trockener Weißwein oder Fischfond

1 Für die Senfsauce Schalotten abziehen und fein würfeln. Die Butter zerlassen und die Schalotten darin glasig andünsten. Lorbeer, Piment und Nelken dazugeben. Mit der Hühnerbrühe auffüllen und 30 Minuten köcheln lassen.

2 Die Brühe durch ein Sieb geben, die festen Bestandteile im Sieb ausdrücken. Die Sahne zur Brühe geben und alles auf etwa ½ Liter einkochen lassen. Senf mit dem Handrührgerät einarbeiten. Die Sauce mit Salz und Zucker abschmecken und mithilfe des Schneebesens mit den eiskalten Butterwürfeln montieren.

3 Für den Kabeljau den Backofen auf 200 °C (Umluft 180 °C, Gas Stufe 3–4) vorheizen. Schalotten abziehen und fein würfeln. Die Butter zerlassen. Eine feuerfeste Form mit etwas Butter ausstreichen und die Schalotten darin verteilen. Den Fisch waschen und trockentupfen, mit Salz und Pfeffer würzen und auf die Schalotten legen. Mit zerlassener Butter bestreichen. Weißwein oder Fischfond angießen und etwa 10 Minuten im Ofen garen. Den dabei austretenden Fond anschließend in die Senfsauce rühren.

4 Den Fisch auf vier Tellern anrichten und mit der Senfsauce servieren. Nach Belieben Gurkensalat und Petersilienkartoffeln dazu reichen.

Rote-Bete-**Carpaccio**
mit Limetten-Trüffel-Dressing

1 Für die Rote Bete die Stiele von den Roten Beten schneiden, Zwiebel abziehen. Die Roten Beten ungeschält mit der Zwiebel, Lorbeer, Kümmel, Essig, Zucker und Salz in 2 Liter Wasser geben. Zum Kochen bringen und 1 ½ bis 2 Stunden kochen lassen, bis die Roten Beten weich sind. In ein Sieb abgießen, abkühlen lassen. Anschließend schälen und in sehr dünne Scheiben schneiden.

2 Für das Dressing den Puderzucker mit 2 Esslöffeln Wasser und dem Limettensaft verrühren, bis sich der Zucker aufgelöst hat. Nach und nach Trüffel- und Pflanzenöl unterrühren. Die Kresse vom Beet schneiden. Parmesan hobeln.

3 Zum Anrichten vier Teller mit dem Dressing bepinseln. Die Rote-Bete-Scheiben dachziegelartig auf die Teller schichten und ebenfalls mit dem Dressing bepinseln. Den gehobelten Parmesan darüber streuen und mit Kresse garniert servieren.

TIPP Zu diesem ungewöhnlichen Carpaccio mit dem edlen Dressing passt gedämpftes Fischfilet ausgezeichnet.

Für 4 Personen

Für die Rote Bete

600–800 g Rote Bete (etwa 1 mittelgroße Knolle pro Person)
1 große Zwiebel
2 Lorbeerblätter
1 EL Kümmelsamen
½ l weißer Essig
250 g Zucker
100 g Salz

Für das Dressing und zum Garnieren

2 EL Puderzucker
1 EL Limettensaft, frisch gepresst
2 EL Trüffelöl
2 EL Pflanzenöl
1 Beet Kresse
50–60 g Parmesan

Gebratene **Gambas**
in Melassesauce

Für 4 Personen

28 mittelgroße Gambas, geschält
4 EL Olivenöl
1 gelbe Paprikaschote
2 Tomaten
2 Äpfel
4 Knoblauchzehen
4 Schalotten
2 frische Chilischoten
450 g Melasse
(aus dem Reformhaus)
¼ l Limettensaft, frisch gepresst
Salz

1 Gambas waschen und trockentupfen. Die Hälfte des Olivenöls in einer Pfanne erhitzen und die Gambas darin kurz anbraten. Beiseite stellen.

2 Paprikaschote waschen, putzen und vierteln. In einer feuerfesten Form unter dem Grill so lange rösten, bis die Haut Blasen wirft. Etwas abkühlen lassen und schälen. Das Fruchtfleisch in Würfel schneiden. Die Tomaten mit heißem Wasser überbrühen, häuten, entkernen und ebenfalls in Würfel schneiden. Äpfel schälen, vom Kerngehäuse befreien und würfeln. Knoblauch und Schalotten abziehen und fein hacken. Chilischoten längs aufschneiden, entkernen, waschen und ebenfalls fein hacken.

3 Das restliche Olivenöl erhitzen und Paprika, Tomaten, Äpfel, Knoblauch, Schalotten und Chili darin andünsten. Melasse und Limettensaft dazugeben und alles 5 Minuten bei geringer Hitze köcheln lassen. Die Gambas hinzufügen und alles 3 Minuten weiterköcheln lassen. Mit Salz abschmecken.

TIPP Zu den gebratenen Gambas passt Reis – auch Sushireis –, dann können Sie sie als Hauptgericht servieren; mit Baguette eignen sich die Gambas auch gut als Vorspeise oder Zwischengericht.

Nori-**Fettuccine**
mit Jakobsmuscheln und Cabanossi

1 Nudeln nach Packungsanweisung in reichlich Salzwasser bissfest garen, abgießen, abtropfen lassen. In der Zwischenzeit Schalotte und Knoblauch abziehen; beides fein würfeln. Cabanossi in kleine Stücke schneiden. Jakobsmuscheln waschen und trockentupfen, ebenfalls klein schneiden. Sahne steif schlagen.

2 Öl in einer Pfanne erhitzen, Sambal Oelek einrühren und Schalotten und Knoblauch darin andünsten. Anschließend zuerst die Cabanossi, dann die Jakobsmuscheln hinzufügen und kurz ziehen lassen.

3 Die Nudeln in die Pfanne geben, Weißwein angießen und alles kurz durchschwenken. Die geschlagene Sahne unterheben. Die Nori-Blätter in feine Streifen schneiden und erst kurz vor dem Servieren unter die Nudeln mischen. Nach Belieben mit frittiertem Rucola garnieren.

TIPP Als Topping zu den Nori-Fettuccine eignen sich neben frittiertem Rucola auch fein gewürfelte frische Tomaten, frittierter Spinat oder frittierter Grünkohl.

Für 4 Personen

400 g Fettuccine
Salz
1 große Schalotte
1 Knoblauchzehe
120–150 g Cabanossi
8 Jakobsmuscheln ohne Rogen
250 g Sahne
Öl zum Braten
¾ TL Sambal Oelek
0,2 l trockener Weißwein
2 große Nori-Blätter
(aus dem Asialaden)

Sylt bei Nacht –
Insel in Partylaune

Morgens früh ist es am Strand deshalb so schön, weil man nur ein paar Möwen, Hunden und Strandläufern begegnet. Um diese Zeit sind die Partys gerade erst vorbei, und die meisten Inselgäste beginnen damit, ihr Bett anzuwärmen. Und wenn der alte Tag geht und der Zeitungsbote kommt, trauen sich auch die Einheimischen endlich wieder auf die Straße. Besonders beliebt sind die Stunden der Dunkelheit im Kampener Strönwai, besser bekannt als Whiskymeile, ein Begriff, der hält, was er verspricht. Jeder Tresen und jeder Tisch ist abwechselnd Kommunikationszentrum, Bühne oder Loge. Mittelpunkt der Whiskymeile ist für alle Sylt-Gläubigen der schon jahrzehntealte »Pony Club«, in dem sich überwiegend Prominente zu mondänen Andachten treffen.

In »Greta's Rauchfang« etwa geht es nicht weniger stimmungsvoll, aber sehr viel folkloristischer zu, und hier trifft man tatsächlich noch auf Eingeborene. Sie freuen sich übrigens, wenn man sie nach ihrem kargen Dasein als Fischer ausfragt. Szenetreff in Westerland ist die »Wunderbar«, wo mit dem deutschen Schlager unbedingt ein bisschen Spaß sein muss.

Für Newcomer und Kenner

Sylt-Neulinge sollten die kostbare Zeit nach 22 Uhr systematisch angehen und bei der »Nacht der Bars« mitmachen, einer Rundreise durch die Szenebars der Insel. Ein Limousinen-Shuttle-Service fährt im 20-Minuten-Takt die teilnehmenden Bars zwischen Kampen und Westerland ab, man muss keinen Zapfhahn auslassen. Ein weiterer Termin für den Urlaubs-Blackberry sind die Mittsommernacht-Events: Konzerte, Fackelumzüge, Kunst im Sylter Heimatmuseum, Poker, Wandertouren mit Open End, Grillen und natürlich Party, Party, Party. Highlight ist die große Beach-Party an der Buhne 16 in Kampen mit Strandfeuer und Live-Musik, die man bei günstigen Windverhältnissen auch vom Hotelbett aus miterleben kann.

Auch für Nachtschwärmer gibt es auf Sylt jede Menge zu entdecken. Ob beim Candlelight Dinner in der Sansibar, bei ausgelassenen Strandpartys oder beim Grillvergnügen für die ganze Familie – die Insel glänzt auch nachts.

Irish Stout-Beef
mit Guinness Extra Stout

Für 4 Personen

1,5 kg Rindfleisch, möglichst aus der
Schulter
4–6 Zwiebeln
Salz
schwarzer Pfeffer, frisch gemahlen
Mehl zum Bestäuben
Öl zum Braten
2 Flaschen Guinness Extra Stout
à 0,3 l
600 ml brauner Fleischfond
(aus dem Glas)
2 Stangen Lauch
4 Möhren
½ Sellerieknolle
12 kleine Schalotten

1 Den Ofen auf 140 °C (Umluft 120 °C, Gas Stufe 1) vorheizen. Rindfleisch waschen, trockentupfen und in Würfel schneiden. Zwiebeln abziehen und in Scheiben schneiden. Das Fleisch mit Salz und Pfeffer würzen und mit Mehl bestäuben. Öl in einem Schmortopf erhitzen und das Fleisch darin auf allen Seiten kurz anbraten, herausnehmen. Die Zwiebeln in dem Bratfett bräunen. Anschließend das Fleisch zurück in den Topf geben. Mit Bier und Fleischfond gut bedecken und alles zugedeckt 2 bis 3 Stunden im Ofen schmoren lassen, bis das Fleisch fast gar ist.

2 In der Zwischenzeit Lauch waschen und putzen; nur den weißen Teil in Ringe schneiden. Möhren und Sellerieknolle schälen und in nicht zu kleine Würfel schneiden. Schalotten abziehen.

3 Das Gemüse zum Fleisch geben und alles zugedeckt weitere 30 Minuten im Ofen schmoren lassen. Sollte die Sauce am Ende der Garzeit zu flüssig sein, den Bratenfond in einen kleinen Topf abgießen und auf die gewünschte Konsistenz einkochen lassen. Das Irish Stout-Beef nach Belieben mit Kartoffelknusperpüree – Püree mit krossen Croûtons und Schnittlauch – servieren.

Baby-**Steinbutt**
mit Zimt und Mango

1 Knoblauch abziehen. Sehr wenig Öl in eine Pfanne geben und Knoblauch, Zimtstangen, Sternanis sowie Korianderkörner darin anrösten, bis die Gewürze zu duften beginnen.

2 Möhren schälen und in pommes-frites-große Stifte schneiden. Paprikaschoten waschen, putzen und vierteln. Chilischote längs halbieren, entkernen und waschen. Mango schälen; das Fruchtfleisch vom Kern schneiden und würfeln. Die Gewürze in die Fettpfanne des Ofens geben. Möhren, Paprika, Chili und Mango darauf verteilen.

3 Den Ofen auf 190 °C (Umluft 170 °C, Gas Stufe 2) vorheizen. Baby-Steinbutt waschen und trockentupfen. Auf beiden Seiten mit Paprikapulver und Salz würzen. Den Fisch mit der weißen Seite nach oben auf das Gemüse legen. Die Kokosmilch mit dem Kokosmark in einem kleinen Topf aufkochen und anschließend über den Fisch geben. Mit Limettenblättern bestreuen und etwa 35 Minuten im Ofen garen.

TIPP Als Beilage zum Baby-Steinbutt eignet sich mit Blackened-Gewürzmischung pikant abgeschmeckter und fein geschnittenen getrockneten Aprikosen veredelter Basmatireis. Das Rezept für die Blackened-Gewürzmischung finden Sie auf Seite 137.

Für 4 Personen

2 Knoblauchzehen
Öl zum Braten
4 Zimtstangen
4 Sternanis
12 Korianderkörner
3 Möhren
2 gelbe Paprikaschoten
1 Chilischote
1 Mango
1 Baby-Steinbutt à 1,5–2 kg
Paprikapulver
Salz
½ l ungesüßte Kokosmilch
3 EL gesüßtes Kokosmark
(aus dem Asialaden)
Limettenblätter

Winterlicher Salat
mit geschnetzeltem Rehrücken

Für 4 Personen

Für das Dressing

2 EL Orangensaft, frisch gepresst
6 EL Walnussöl
1 EL Rotweinessig
Salz
schwarzer Pfeffer, frisch gemahlen

Für den Salat

2 Äpfel
1 Kopf Lollo rosso
4 Stück Spekulatius
4 EL Walnüsse

Für das Fleisch

1 Glas Quittengelee à 350 g
320 g Rehrückengeschnetzeltes
2 EL geklärte Butter

1   Für das Dressing Orangensaft, Walnussöl und Rotweinessig verrühren. Mit Salz und Pfeffer würzen.

2   Für den Salat Äpfel schälen, vom Kerngehäuse befreien und in Streifen schneiden. Lollo rosso waschen, trockenschleudern und in mundgerechte Stücke zupfen. Spekulatius zerbröseln, Walnüsse hacken. Äpfel und Lollo rosso vermengen. Das Dressing darüber geben und noch einmal gut vermengen. Den Salat auf vier Teller verteilen und mit den zerbröselten Spekulatius und den Walnüssen bestreuen.

3   Für das Fleisch das Quittengelee in einen Topf geben und langsam erwärmen. Das Rehrückengeschnetzelte waschen und trockentupfen. Mit Salz und Pfeffer würzen. Die Butter in einer schweren Pfanne erhitzen und das Fleisch darin 2 Minuten braten. Das warme Quittengelee dazugeben. Das Rehrückengeschnetzelte auf dem Salat anrichten.

TIPP Geklärte Butter – auch Butterfett oder Butterschmalz genannt – stellt man her, indem man Butter in einem Topf erhitzt, wobei sie durch das gerinnende Milcheiweiß und das verdampfende Wasser zu schäumen beginnt. Dieser Schaum wird so lange abgeschöpft, bis nur die klare Butter übrig bleibt.

Gebratener **Zander**
mit Süßkartoffelsuppe

1 Für den Zander Ingwer schälen, Knoblauch abziehen; beides fein hacken. 25 Gramm Kerbel sehr fein hacken. 9 Esslöffel Olivenöl, Sesamöl, Essig, Sherry, Zucker, Salz und Pfeffer verrühren. Ingwer, Knoblauch und Kerbel untermischen. 4 Esslöffel von der Marinade abnehmen und beiseitestellen. Restliche Marinade in einer flachen Schale verteilen. Zander waschen, trockentupfen und in zwölf Stücke schneiden. Die Haut mit einem scharfen Messer mehrmals einritzen, die Filets auf der Fleischseite in die Marinade legen. Mit Klarsichtfolie abdecken, 3 Stunden im Kühlschrank marinieren.

2 Für die Suppe die Süßkartoffeln schälen und in 2 Zentimeter große Stücke schneiden. Die Gemüsezwiebeln abziehen und würfeln. Zitrone mit heißem Wasser waschen und trockenreiben. Zitronenschale fein abreiben, Zitrone auspressen. Vom Zitronengras das Weiße sehr fein schneiden.

3 Olivenöl in einem Topf erhitzen und die Zwiebeln mit Sesam und Zitronengras bei mittlerer Hitze darin glasig dünsten. Mit Wermut ablöschen. Den Weißwein angießen und 2 bis 3 Minuten leise kochen lassen. Von der Kokosmilch das Dünne von oben abschöpfen und mit Sahne, Geflügelfond und Süßkartoffeln zugeben. Zugedeckt bei mittlerer Hitze 15 bis 20 Minuten kochen lassen. Anschließend die Suppe sehr fein pürieren. 2 Esslöffel Zitronensaft und die Zitronenschale zugeben und untermixen. Mit Salz, Pfeffer und etwas Muskat abschmecken. Mindestens 3 Stunden kalt stellen.

4 Restliches Olivenöl in einer beschichteten Pfanne erhitzen. Die Fischfilets aus der Marinade nehmen und etwas abtropfen lassen. Die Hautseite mit Mehl bestäuben und die Zanderstücke auf der Hautseite bei starker Hitze in etwa 4 Minuten knusprig braten. Pfanne vom Herd nehmen, Fisch vorsichtig wenden und etwa 1 Minute gar ziehen lassen. Die kalte Suppe auf vier Teller verteilen, die beiseitegestellte Marinade darüber träufeln. Zanderfilets auf einem Teller anrichten, mit dem restlichen Kerbel garnieren und zusammen mit der Süßkartoffelsuppe sofort servieren.

Für 4 Personen

Für den Zander

25 g frischer Ingwer
2 kleine Knoblauchzehen
1 Bund Kerbel (ca. 30 g)
11 EL Olivenöl
1 TL Sesamöl
4 EL weißer Balsamicoessig
4 EL trockener Sherry
1 TL Zucker
½ TL Salz
1 TL schwarzer Pfeffer, grob gemahlen
500 g Zanderfilet mit Haut
2 EL Mehl

Für die Süßkartoffelsuppe

350 g Süßkartoffeln
350 g Gemüsezwiebeln
1 unbehandelte Zitrone
3 Stängel Zitronengras
3 EL Olivenöl
1 EL Sesamsamen
3 EL trockener Wermut (z.B. Noilly Prat)
200 ml trockener Weißwein
125 ml ungesüßte Kokosmilch
200 g Sahne
½ l Geflügelfond
Salz
schwarzer Pfeffer, frisch gemahlen
Muskatnuss, frisch gerieben

Saftiges **Rinderfilet**
mit Rosmarinduft auf Rucola

Für 4 Personen

4 Rinderfilets à 160 g
4 Zweige Rosmarin
Salz
schwarzer Pfeffer, frisch gemahlen
Olivenöl
2 Zitronen
½ EL Mehl
200 ml Weißwein
1 Handvoll Rucolablätter

1 Die Rinderfilets waschen und trockentupfen. Rosmarin waschen und trocken-schütteln. Das Fleisch mit Salz und Pfeffer würzen. Etwas Olivenöl in einer Pfanne erhitzen, die Rosmarinzweige hineingeben und die Rinderfilets in dem Öl medium braten. Das Fleisch aus der Pfanne nehmen und in Alufolie gewickelt warm stellen.

2 Das Fett aus der Pfanne gießen. Zitronen auspressen. Das Mehl in die Pfanne geben und kurz hell anschwitzen. Mit Weißwein und Zitronensaft ablöschen und noch etwas Olivenöl dazugießen.

3 Den Rucola waschen, trockenschleudern und klein schneiden. Die Filets auf-schneiden. Zum Anrichten die Rucolablätter auf vier Teller verteilen und die Filetscheiben darauf legen. Mit der Sauce überziehen und nach Belieben mit gebacke-nen gefüllten Oliven (Rezept siehe S. 153) servieren.

Spanferkelrücken
mit Äpfeln und Cidre

1 Den Spanferkelrücken waschen und trockentupfen. Mit einem scharfen Messer einschneiden und aufklappen; die Hautseite mit einem Teppichmesser quer in Scheibenstärke einritzen. Umdrehen. Mit Fenchelsamen, Salz, Pfeffer und geschnittenem Fenchelkraut würzen. Längs zusammenrollen und mit Küchengarn zusammenbinden. Den Ofen auf 220 °C (Umluft 200 °C, Gas Stufe 4–5) vorheizen.

2 Schalotten abziehen und halbieren. Knoblauch abziehen. Möhren schälen und in Würfel schneiden. Das Gemüse in eine Kasserolle geben und 1 Zentimeter hoch mit Wasser auffüllen. Das Fleisch hineinlegen. Die Kasserolle zunächst 30 Minuten auf die obere Schiene im Ofen stellen. Anschließend die Hitze auf 180 °C (Umluft 160 °C, Gas Stufe 2–3) reduzieren und die Kasserolle für weitere 45 Minuten auf die mittlere Schiene stellen. Das Fleisch während der Garzeit gelegentlich mit dem Fond begießen. Äpfel schälen, vom Kerngehäuse befreien und vierteln. 15 Minuten vor Ende der Garzeit zum Fleisch geben.

3 Das Fleisch aus der Kasserolle nehmen, warm stellen und 15 Minuten ruhen lassen. Das Fett aus der Kasserolle abgießen; den Apfel-Bratensatz mit Cidre und braunem Fleischfond ablöschen. Einkochen lassen und mit eiskalten Butterwürfeln montieren. Das Fleisch in Scheiben schneiden und mit den Äpfeln und der Cidresauce servieren.

TIPP Reichen Sie zum gerösteten Spanferkelrücken Kartoffelpüree und in Olivenöl frittierte Salbeiblätter.

Für 4 Personen

1,8 kg Spanferkelrücken ohne Knochen
1 EL Fenchelsamen
1 EL grobes Meersalz
schwarzer Pfeffer, frisch gemahlen
Fenchelkraut
4 Schalotten
2 Knoblauchzehen
1–2 Möhren
4 Äpfel
¼ l Cidre
½ l brauner Fleischfond (aus dem Glas)
eiskalte Butterwürfel zum Binden

Schwarzfederhuhn
in Gemüsevinaigrette

Für 4 Personen

1 Schwarzfederhuhn, ca. 1,2–1,5 kg,
gerupft
Öl zum Braten
15 g ungesalzene Butter
100 g grüne Bohnen
100 g grüner Baby-Spargel
4 Frühlingszwiebeln
100 g Möhren
Salz
1 Schalotte
50 ml Essig
100 ml Öl
schwarzer Pfeffer, frisch gemahlen
50 g geröstete gesalzene Mandeln

1 Den Ofen auf 160 °C (Umluft 140 °C, Gas Stufe 1–2) vorheizen. Das Schwarzfederhuhn gründlich waschen und trocknen. Öl und Butter in einer Pfanne
erhitzen und das Huhn darin auf allen Seiten anbraten. In eine feuerfeste Form geben
und 35 bis 40 Minuten im Ofen garen. Anschließend in Alufolie wickeln und warm stellen.

2 Grüne Bohnen waschen und putzen. Baby-Spargel waschen; eventuelle holzige
Enden abschneiden. Frühlingszwiebeln waschen und putzen; nur den weißen Teil
in Ringe schneiden. Möhren schälen und in Stifte schneiden, etwa so groß wie das
restliche Gemüse. Das Gemüse in Salzwasser kurz blanchieren, aber nicht abschrecken.

3 Für die Vinaigrette Schalotte abziehen und fein würfeln. Mit Essig, Öl, Salz und
Pfeffer vermengen. Das warme Gemüse in die Vinaigrette geben. Brust und
Keulen des Hühnchens auslösen und in vier Portionen teilen. Mit der lauwarmen Gemü-
sevinaigrette überziehen und mit Mandeln bestreut servieren.

TIPP Zu unserem Schwarzfederhuhn passen Pickled Pfefferkirschen
(Rezept siehe S. 157) und Rosmarinkartoffeln. Für Letztere rohe oder kurz
gekochte Kartoffelscheiben mit Olivenöl, Salz, Pfeffer und Rosmarinzweigen
bei 180 °C (Umluft 160 °C, Gas Stufe 2–3) im Ofen garen, bis die Kartoffeln
weich sind.

Gegrillte Kalbsleber
in Pancetta mit Cranberrysauce

1 Die Kalbsleber waschen und trockentupfen. Mit Olivenöl bestreichen und 1 bis 2 Stunden im Kühlschrank ruhen lassen. In der Zwischenzeit Schalotten und Knoblauch abziehen und in Würfel schneiden. Salbeiblätter waschen, trockentupfen und kurz in etwas Olivenöl frittieren.

2 Die Leber in eine feuerfeste Form geben und auf beiden Seiten unter dem Grill rösten. Mit Salz und Pfeffer würzen. Pancetta in einer Pfanne ausbraten, bis der Speck knusprig ist, das Fett wegschütten. Schalotten und Knoblauch hinzufügen und glasig dünsten. Balsamicoessig und Wein angießen und so lange kochen lassen, bis die Flüssigkeit zur Hälfte einreduziert ist. Tomatenwürfel untermengen, Crème fraîche unterrühren und die Pfanne vom Herd nehmen.

3 Für die Cranberrysauce Butter und Zucker in einem Topf schwenken, bis sich der Zucker aufgelöst hat. Einen Schuss Olivenöl dazugeben und die Cranberrys hinzufügen. Mit den frittierten Salbeiblättern bestreuen. Die Pancetta-Mischung auf vier Teller verteilen und die Kalbsleber darauf legen. Mit der Cranberrysauce beträufelt servieren.

Für 4 Personen

600 g Kalbsleber
Olivenöl
2 Schalotten
1 Knoblauchzehe
1 Handvoll Salbeiblätter
Salz
schwarzer Pfeffer, frisch gemahlen
4 Scheiben Pancetta
2 EL Balsamicoessig
0,2 l Rotwein
4 EL feine Tomatenwürfel
4 EL Crème fraîche
1 EL Butter
1 TL Zucker
250 g frische Cranberrys

Gratin vom **Blumenkohl**
mit Äpfeln und Fontina-Käse

Für 4 Personen

Für die Eier-Sahne-Mischung

6 Eier
150 g Sahne
150 ml Apfelsaft
2 EL Calvados
Salz
schwarzer Pfeffer, frisch gemahlen
Muskatnuss, frisch gerieben

Für das Gratin

½ Knoblauchzehe
500 g Kartoffeln
2 Äpfel
1 Blumenkohl
100 g Butter für die Form
1 Lorbeerblatt
150 g Fontina-Käse
4 EL Paniermehl

1 Für die Eier-Sahne-Mischung die Eier verquirlen. Mit Sahne, Apfelsaft und Calvados verrühren. Mit Salz, Pfeffer und Muskatnuss würzen. Den Ofen auf 180 °C (Umluft 160 °C, Gas Stufe 2–3) vorheizen.

2 Für das Gratin Knoblauch abziehen und halbieren. Kartoffeln schälen und in dünne Scheiben schneiden. Äpfel schälen, vom Kerngehäuse befreien und in Würfel schneiden. Blumenkohl waschen, in Röschen teilen und kurz in Salzwasser blanchieren.

3 Eine feuerfeste Form mit den Knoblauchhälften einreiben und großzügig mit Butter bestreichen. Kartoffeln, Äpfel, Blumenkohl und das Lorbeerblatt in bunter Reihenfolge in die Form füllen. Mit Salz, Pfeffer und Muskatnuss würzen und die Eier-Sahne-Mischung darauf verteilen. 30 Minuten im Ofen überbacken, am Ende eine Garprobe machen.

4 Den Fontina-Käse reiben und mit dem Paniermehl über das Gratin streuen. Die Hitze auf 220 °C (Umluft 200 °C, Gas Stufe 4–5) erhöhen und das Gratin so lange fertig backen, bis eine braune Kruste entstanden ist.

TIPP Sie können das Gratin zu verschiedenen Braten – etwa vom Schwein, Kaninchen oder Kalb –, aber auch zu Koteletts servieren. Hervorragend schmeckt es auch zu mild gewürzten gebratenen Fischfilets.

Kalbskotelett
mit Muskatnudeln und Apfelkompott

Für 4 Personen

Für die Koteletts

4 Kalbskoteletts à 200–250 g
Salz
schwarzer Pfeffer, frisch gemahlen
1 EL Butter
4 EL Öl
0,2 l Cidre
½ l brauner, kräftiger Kalbsfond
(aus dem Glas)
2 EL Apfelgelee (aus dem Glas)

Für das Apfelkompott

1 kg Äpfel (z. B. Holsteiner Cox,
Granny Smith)
1 EL Butter
0,1 l Weißwein
2 EL Sahne
1 Zimtstange
2 EL Apfelgelee (aus dem Glas)

Für die Muskatnudeln

350 – 400 g Fusilli (wahlweise Penne
rigate oder Makkaroni)
1 TL schwarze Pfefferkörner
0,3 l Milch
3 EL Butter
1 TL Muskatnuss, frisch gerieben

1 Für die Koteletts das Fleisch waschen und trockentupfen. Mit Salz und Pfeffer würzen. Butter und Öl in einer Pfanne erhitzen und die Kalbskoteletts darin auf jeder Seite 5 Minuten braten. Das Fleisch aus der Pfanne nehmen und in Alufolie gewickelt warm stellen. Den Bratfond mit Cidre, Kalbsfond und Apfelgelee ablöschen und auf die Hälfte einreduzieren lassen.

2 Für das Apfelkompott die Äpfel schälen, vom Kerngehäuse befreien und klein schneiden. Butter, Weißwein, Sahne, Zimt und Apfelgelee in einem Topf langsam erhitzen. Die Äpfel dazugeben und zugedeckt 5 Minuten kochen lassen. Die Zimtstange entfernen. Mit wenig Salz abschmecken.

3 Für die Muskatnudeln die Fusilli nach Packungsanweisung in reichlich Salzwasser bissfest garen, abgießen. Den Pfeffer im Mörser grob zerstoßen. Die Milch mit Butter, Muskatnuss und Salz aufkochen; die Nudeln dazugeben. Weiterkochen, bis die Nudeln die Flüssigkeit aufgesogen haben. Mit dem Pfeffer bestreuen und mit Salz abschmecken.

4 Die Kalbskoteletts kurz vor dem Servieren noch einmal 1 bis 2 Minuten in dem Fond schwenken. Mit Fond, Apfelkompott und Muskatnudeln auf vier Tellern anrichten.

Pancetta-**Makkaroni**
mit Treviso und Zuckerschoten

1   Die Makkaroni nach Packungsanweisung in reichlich Salzwasser bissfest garen, abgießen. In der Zwischenzeit Pancetta in dünne Streifen schneiden und in einer Pfanne ohne weiteres Fett anbraten, bis der Speck knusprig ist. Knoblauch abziehen, hacken und zur Pancetta geben.

2   Den Treviso waschen, trockenschütteln und in mundgerechte Stücke schneiden. Zuckerschoten waschen, putzen und halbieren. Treviso und Zuckerschoten zur Pancetta-Knoblauch-Mischung geben und mitbraten. Mit Weißwein und Brühe ablöschen. Anschließend 2 Minuten köcheln lassen.

3   100 Gramm Parmesan fein reiben, 50 Gramm hobeln. Pfefferkörner im Mörser grob zerstoßen. Die Sauce mit dem geriebenen Parmesan andicken; die Nudeln dazugeben und alles gut vermengen.

4   Die Pasta auf vier Tellern anrichten. Den gehobelten Parmesan darüber streuen und den Ricotta darüber krümeln. Mit Olivenöl beträufeln und mit dem zerstoßenen Pfeffer bestreut servieren.

TIPP Treviso ist eine Radicchio-Art, die in der Form an Chicorée, in der Farbe aber an Radicchio erinnert. Durch seinen feinen Bitterton ist der Treviso bei Feinschmeckern sehr beliebt. Mittlerweile gibt es ihn auch in vielen gut sortierten Supermärkten oder beim Gemüsehändler Ihres Vertrauens.

Für 4 Personen

450 g Makkaroni
Salz
200 g Pancetta
3 Knoblauchzehen
2 Köpfe Treviso
100 g Zuckerschoten
250 ml Weißwein
150 ml Hühnerbrühe
150 g Parmesan
1 TL schwarze Pfefferkörner
120 g Ricotta
Olivenöl

Stipp-

Visite

Unsere Lieblingsdips

Ganz schön frech und würzig die einen, schmeichelnd und mild die anderen: Raffinierte Saucen, Dips und besondere Würzmischungen laden zu hemmungslosem Tunken und Stippen ein. Und da jedes Rezept zu mehreren Gerichten passt, lohnt sich immer ein Vorrat.

Asiapaste

Für 4 Personen

200 ml Ingwersaft (aus dem
Asialaden oder Reformhaus)
100 ml helle Sojasauce
3 EL Honig
3 EL gelbe Tandooripaste
(aus dem Asialaden)
200 ml dunkles Sesamöl
(aus dem Asialaden)
2 EL Curry
3 EL Kurkuma
1 TL Sambal Oelek

1 Ingwersaft, Sojasauce, Honig, Tandooripaste und Sesamöl verrühren. Curry, Kurkuma und Sambal Oelek dazugeben und ebenfalls verrühren, bis eine homogene Masse entsteht.

2 Ein Glas mit Schraubverschluss heiß ausspülen. Die Asiapaste hineingeben, das Glas verschließen. Die Asiapaste hält sich gekühlt mehrere Wochen lang.

TIPP Genießen Sie Ihre selbst gemachte Asiapaste mit Tandoori zu jeder Art von Bratgemüse.

Mango-Chili-Traum

Für 4 Personen

2 Schalotten
1 Stängel Zitronengras
1 reife Mango
50 g Ingwer
1 EL Butter
50 ml Reisessig
100 ml Orangensaft, frisch gepresst
2 EL Honig
½ TL Sambal Oelek

1 Schalotten abziehen und in feine Würfel schneiden. Den hellen Teil des Zitronengrases in feine Ringe schneiden. Mango schälen, das Fruchtfleisch vom Kern und in Würfel schneiden. Ingwer schälen und in Scheiben schneiden.

2 Die Butter in einer Pfanne erhitzen und Schalotten und Zitronengras darin anschwitzen. Die Mangowürfel und die Ingwerscheiben dazugeben und mit anschwitzen. Reisessig und Orangensaft dazugießen und alles 10 Minuten bei geringer Hitze köcheln lassen.

3 Die Masse mit dem Stabmixer fein pürieren und anschließend noch durch ein feines Sieb streichen. Mit Honig und Sambal Oelek abschmecken. Ein Glas mit Schraubverschluss heiß ausspülen. Die Mango-Chili-Creme hineingeben, das Glas verschließen.

Blackened-Gewürzmischung

1. Paprikapulver, Salz, Zwiebelgranulat, Knoblauchpulver, Pfefferkörner, Thymian, Cayennepfeffer und Oregano in eine Moulinette oder – besser – in eine Kaffeemühle geben und zu einem gleichmäßigen Pulver vermahlen.

2. Das Pulver in einen verschließbaren Behälter abfüllen. Da es sich viele Wochen lang hält, können Sie ruhig größere Mengen davon herstellen. Es passt zu Geflügel-, Fisch- und Fleischgerichten.

Für 4 Personen

12 g rosenscharfes Paprikapulver
25 g Salz
5 g Zwiebelgranulat
10 g Knoblauchpulver
5 g weiße Pfefferkörner
5 g schwarze Pfefferkörner
10 g getrockneter Thymian
5 g Cayennepfeffer
5 g getrockneter Oregano

Himbeeressigsauce

1. Zwiebeln abziehen. Thymian waschen und trockenschütteln. Zucker in einen Topf geben und karamellisieren lassen. Die ganzen Zwiebeln darin anbräunen. Lorbeer und Thymian dazugeben, anschließend die Hälfte der Himbeeren hinzufügen. Alles gut durchschwenken.

2. Mit Hühnerbrühe ablöschen. Die Kalbsglace einrühren und alles etwa 15 Minuten kochen lassen. Anschließend mit dem Stabmixer fein pürieren. Die restlichen Himbeeren dazugeben und noch einmal alles fein pürieren. Die Sauce durch ein Sieb streichen, mit dem Himbeeressig verrühren und mit Salz und Pfeffer würzen.

TIPP Statt der Himbeeren können Sie auch Sauerkirschen – frisch oder aus dem Glas – verwenden. Die Sauce passt zu gebratenem Geflügel und auf der Hautseite knusprig gebratenem Fisch wie etwa Zander oder Lachs.

Für 4 Personen

300 g kleine rote Zwiebeln
1 Zweig Thymian
200 g Zucker
2 Lorbeerblätter
300 g Himbeeren (TK)
1 l Hühnerbrühe
60 ml braune Kalbsglace
(aus dem Glas)
150 ml Himbeeressig
Salz
schwarzer Pfeffer, frisch gemahlen

Erdnusssauce

Für 4 Personen

½ l Geflügelfond
2 unbehandelte Limetten
½ Knoblauchzehe
1 TL weiche Butter
1 Prise Salz
2 EL Sesamöl
200 ml ungesüßte Kokosmilch
150 g Erdnussbutter
30 g gelbe thailändische Currypaste
(aus dem Asialaden)
250 g Sahne
2 EL Zitronensaft, frisch gepresst
15 g Zucker
5 g Salz

1 Geflügelfond in einem Topf erhitzen. Limetten heiß abspülen, die Schale fein abreiben. Knoblauch abziehen und durch die Knoblauchpresse drücken; mit der weichen Butter und 1 Prise Salz vermengen.

2 Heißen Geflügelfond, Limettenschale, Knoblauchbutter, Sesamöl, Kokosmilch, Erdnussbutter, Currypaste, Sahne, Zitronensaft, Zucker und Salz verrühren und mit dem Stabmixer zu einer feinen Sauce pürieren. Erkalten lassen und in einen verschließbaren Behälter abfüllen.

TIPP Erdnusssauce ist typisch für die asiatische Küche und passt ausgezeichnet zu Geflügelspießen, gebratenen Fischchen und scharf gewürzten Krustentieren.

Pikanter Tempura-Dip

Für 4 Personen

1 Salatgurke
100 g Möhren
150 g Knollensellerie
1 Knoblauchzehe
150 g eingelegter Ingwer
(aus dem Asialaden)
¼ l helle Sojasauce
50 ml Reisessig

1 Gurke waschen, schälen und entkernen. Möhren und Sellerie schälen und in Stücke schneiden. Knoblauch abziehen. Gurke, Möhren, Sellerie und Knoblauch mit dem eingelegten Ingwer vermengen.

2 Sojasauce und Reisessig verrühren und über das Gemüse geben. 250 Milliliter Wasser hinzufügen und alles mit dem Stabmixer zu einer feinen Creme pürieren. In einen verschließbaren Behälter abfüllen und kühl aufbewahren.

TIPP Der pikante Dip passt nicht nur zu Gambas oder Gemüse in Tempura-Teig, sondern auch zu Hühnchen-Saté und Frühlingsrollen.

Mexikanische Salsa

1 Die Tomaten mit heißem Wasser überbrühen und häuten. Mit Kernen in feine
Würfel schneiden. Frühlingszwiebeln waschen und putzen; nur den weißen Teil in
feine Ringe schneiden. Paprikaschote waschen, putzen und in feine Würfel schneiden.
Petersilie waschen und trockenschütteln. Die Blättchen von den Stängeln zupfen und
hacken. Limetten heiß abspülen, die Schale fein abreiben. Eine halbe Limette auspressen. Knoblauch abziehen und fein hacken. Chilischote längs halbieren, entkernen,
waschen und in feine Stücke schneiden.

2 Tomaten, Frühlingszwiebeln, Paprika, Petersilie, Limettenschale, Knoblauch und
Chili vermengen. Apfelessig, Honig, 1 Esslöffel Limettensaft und Senf verrühren
und über das Gemüse geben. Alles in der Moulinette fein zerkleinern.

Für 4 Personen

4 Tomaten
2 Frühlingszwiebeln
1 gelbe Paprikaschote
50 g Petersilie
2 unbehandelte Limetten
1 Knoblauchzehe
1 Chilischote
2 EL Apfelessig
2 EL Honig
1 EL körniger scharfer Senf

Teriyaki-Sauce

1 Zucker in einen Topf geben und leicht karamellisieren lassen. Ingwer schälen und
in feine Streifen schneiden. Knoblauch abziehen und ebenfalls in feine Streifen
schneiden. Orangen heiß abspülen; die Schale mit einem Zestenreißer in feinen Streifen
abreiben, die Orangen auspressen.

2 Ingwer und Knoblauch zum karamellisierten Zucker geben und leicht darin
anschwitzen. Orangenzesten hinzufügen und kurz mitdünsten. Mit 200 Milliliter
Orangensaft und der Sojasauce ablöschen und alles 5 Minuten köcheln lassen. Die
Sauce erkalten lassen – sie dickt dabei leicht ein – und in einen verschließbaren Behälter
abfüllen.

Für 4 Personen

220 g brauner Zucker
100 g Ingwer
50 g Knoblauchzehen
3 unbehandelte Orangen
200 ml helle Sojasauce

Prominenz
in der Sansibar

Die Sansibar ist der populärste Meetingpoint für Prominenz auf Sylt, die Gästeliste liest sich wie das »Who is Who« der Einflussreichen, Erfolgreichen und Publikumslieblinge. Wenn man Glück hat, dreht am Tisch nebenan gerade Günter Netzer Spaghetti auf die Gabel. Und vielleicht kommt einem jemand entgegen, der wie Gunter Sachs aussieht und Gunter Sachs ist.

Damit sind mehr oder weniger auch schon fast alle Namen genannt, die auch Herbert Seckler selbst über die Lippen kommen. Wehe, man fragt ihn, wer denn alles bei ihm ein- und ausgeht, darauf bekommt man nur seine stereotype Antwort zu hören: Er nenne keine Namen, denn er könne ja einen vergessen. Ehrlicherweise müsste er dazusagen, dass er sonst wie aus einem dicken Telefonbuch

stundenlang vorlesen müsste. Im Übrigen hat er vor allem eine Tugend: Er ist diskret.

»Celebrities« aus allen Bereichen

Aber manche Namen sprechen sich dann doch herum: Wolfgang Schäuble, Friede Springer, Dariusz Michalczewski, Otto Waalkes, auch Wolfgang Joop lässt sich hier blicken. Und wenn dann wieder einmal die »MS Europa« in Sichtweite der Sansibar für eine große Party einen Stopp einlegt und sich die Promidichte im dreistelligen Bereich bewegt, sind aus den Bereichen Wirtschaft, Medien, Kultur und Politik immer auch viele dabei, an deren Namen man sich im Jahr darauf fast gar nicht mehr (gern) erinnert.

Nun soll man aber nicht meinen, das Strandlokal werde täglich von Bekannten und Berühmten nur so überschwemmt und niemand

Nachts umschwärmen Prominente die Sansibar wie Motten das Licht. Auf wen man hier auch tagsüber einen verstohlenen Blick erhaschen kann, erfährt man vielleicht aus der Zeitung – nicht jedoch von Herbert Seckler. Er schweigt diskret.

werde eingelassen, der sich nicht wenigstens mit einem Zeitschriften-cover-Foto von sich selbst ausweisen kann. Die Sansibar ist vor allem ein Treffpunkt für die vielen Unbenannten, die auf Sylt freie Zeit verbringen und die gute Küche des Hauses genießen wollen. Im Übrigen bekommt man meist gar nicht mit, welcher Paradiesvogel, Star oder Millionär sonst noch gerade da ist – das Lokal macht kein Theater um seine Gäste.

Günter Netzer sprach in einem Interview aus, was die Sansibar so anziehend macht: »Die Menschen, die hierher kommen, kommen nach Hause.«

Spicy **Mango-Dip**

1   Mango schälen; das Fruchtfleisch vom Kern und anschließend in Stücke schneiden. Frühlingszwiebel waschen und putzen; nur den weißen Teil in Ringe schneiden. Den hellen Teil des Zitronengrases in feine Ringe schneiden. Chilischoten längs
aufschneiden, entkernen, waschen und in Stücke schneiden. Limetten auspressen.

2   Mango, Frühlingszwiebel, Zitronengras und Chili vermengen. Puderzucker und
Crème fraîche mit dem Limettensaft verrühren und über die Mango-Frühlingszwiebel-Mischung geben. Alles in der Moulinette fein zerkleinern. Der Mango-Dip schmeckt
hervorragend zu Geflügel und scharf gewürztem Thunfisch.

Für 4 Personen

1 vollreife Mango
1 Frühlingszwiebel
1 Stängel Zitronengras
2 Chilischoten
2 Limetten
2 EL Puderzucker
250 g Crème fraîche

Sesamcreme

1   Die Sesamsamen in einer Pfanne ohne Fett anrösten. Mit der Crème fraîche, dem
Sesamöl, dem Yuzu-Zitronensaft und der dunklen Sojasauce verrühren. Die
Sesamcreme passt zu Fischgerichten und hellem Fleisch, kann aber auch zu Vorspeisen
als Dip gereicht werden.

TIPP Den japanischen Yuzu-Zitronensaft bekommen Sie im gut sortierten
Asialaden. Die Yuzu hat im Vergleich zur bei uns heimischen Zitrone oder
Limette ein wesentlich komplexeres Aroma und wird immer häufiger in der
feinen Küche verwendet. Falls Sie keinen Yuzu-Zitronensaft bekommen,
können Sie ihn auch durch Limettensaft ersetzen.

Für 4 Personen

1 EL Sesamsamen
250 g Crème fraîche
2 EL dunkles Sesamöl
1 EL Yuzu-Zitronensaft
3 EL dunkle Sojasauce

Ingwercreme

Für 4 Personen

15 g frischer Ingwer
2 Limetten
3 EL kandierter Ingwer in Sirup
250 g Crème fraîche
2 EL Puderzucker
Cayennepfeffer

1 Den frischen Ingwer schälen und in Stücke schneiden. Limetten auspressen. Frischen und kandierten Ingwer vermengen. Crème fraîche und Puderzucker mit dem Limettensaft verrühren und mit Cayennepfeffer abschmecken. Unter den Ingwer mengen.

2 Die Masse mit dem Stabmixer zu einer feinen Creme pürieren und in einen verschließbaren Behälter abfüllen. Die Ingwercreme passt hervorragend zu kalt und heiß geräuchertem Lachs – Letzterer wird auch als Stremel-Lachs bezeichnet –, zu Thunfisch-Sashimi, würzigem Fisch und unseren Crab Cakes, deren Rezept Sie auf Seite 25 finden.

Ananassalsa

Für 4 Personen

6–8 Knoblauchzehen
250 ml Olivenöl zum Frittieren
1 Ananas
1 Salatgurke
1 Chilischote
2 Limetten
1 EL Puderzucker
Salz

1 Knoblauch abziehen und in feine Scheiben hobeln. Kurz in kochendes Wasser geben, abtropfen lassen. Das Olivenöl erhitzen und die Knoblauchscheiben darin frittieren. Auf Küchenkrepp abtropfen lassen.

2 Ananas schälen; das Fruchtfleisch vom Strunk schneiden und fein würfeln. Gurke schälen, entkernen und in kleine Würfel schneiden. Chilischote längs aufschneiden, entkernen, waschen und in kleine Stücke schneiden. Limetten auspressen.

3 Knoblauchchips, Ananas, Gurke und Chili vermengen. Den Puderzucker mit dem Limettensaft verrühren, über die Ananas-Gurken-Mischung geben und alles gut vermengen. Mit Salz abschmecken.

Möhren**vinaigrette**

1 Möhren schälen und im Entsafter entsaften. Für die Vinaigrette benötigen Sie
1 ½ Liter Möhrensaft. Den Saft mit Zimtstangen und Sternanis in einen Topf geben
und bei geringer Hitze auf ¼ Liter einkochen lassen. Den dabei entstehenden Schaum-
rand immer wieder abschaben und in die Flüssigkeit zurückgeben. Die Vinaigrette sollte
nicht zu dunkel werden.

2 Die Vinaigrette noch warm durch ein Sieb geben. Anschließend das Öl mit dem
Stabmixer in einem dünnen Strahl einarbeiten; es soll eine Emulsion entstehen.
Die Möhrenvinaigrette in Flaschen abfüllen. Im Kühlschrank hält sich die Vinaigrette
mehrere Wochen lang.

Für 4 Personen

2–2,5 kg Möhren
3 Zimtstangen
12 Sternanis
¼ l Pflanzenöl

Kokospesto

1 Den Backofen auf 180 °C (Umluft 160 °C, Gas Stufe 2–3) vorheizen. Die
Macadamianüsse auf einem mit Backpapier ausgelegten Blech verteilen und etwa
15 Minuten im Ofen rösten. Dabei gelegentlich wenden.

2 In der Zwischenzeit Rucola kurz in kochendes Wasser tauchen, kalt abschrecken
und abtropfen lassen. Basilikum und Koriander waschen und trockenschütteln.
Die Blätter von den Stielen bzw. Stängeln zupfen und in feine Streifen schneiden bzw.
fein hacken. Ingwer schälen und ebenfalls fein hacken. Knoblauch abziehen und hacken.

3 Nüsse, Rucola, Basilikum, Koriander, Ingwer und Knoblauch vermengen. Kokosmilch, Olivenöl und Sesamöl verrühren und über die Nussmischung geben. Alles
mit dem Stabmixer zu einem Pesto pürieren.

Für 4 Personen

200 g Macadamianüsse
2 Bund Rucola
½ Bund Basilikum
1 Bund Koriander
10 g Ingwer
1 Knoblauchzehe
250 ml ungesüßte Kokosmilch
250 ml mildes Olivenöl
1 TL Sesamöl

Zugabe!

Herzhafte Begleiter

Nichts gegen Solisten, aber wenn sie noch einen Star mitbringen, wird der gemeinsame Auftritt umso spannender. So werden Fleisch, Fisch und Gemüse in ausgesuchter Gesellschaft serviert, etwa mit Wasabi-Gurkensalat, Knusperschupfnudeln oder Pfefferkirschen.

Asiatischer **Gurkensalat**

Für 4 Personen

1 Salatgurke
Salz
3 Limetten
100 g Magerquark
100 g Crème fraîche
2 EL Puderzucker
1 EL Wasabipaste
(aus dem Asialaden)

1 Gurke schälen, halbieren, entkernen und in etwa 1 Zentimeter dicke Scheiben schneiden. Mit wenig Salz bestreuen und 1 Stunde in einem Sieb ziehen und gleichzeitig abtropfen lassen.

2 Limetten auspressen. Limettensaft mit Quark, Crème fraîche, Puderzucker und Wasabipaste zu einem Dressing verrühren. Das Dressing über die abgetropften Gurken geben und alles gut miteinander vermengen.

Gebackene **Tortillachips**

Für 4 Personen

4 Tortilla-Teigfladen
Öl zum Frittieren
Blackened-Gewürzmischung (Rezept siehe S. 137)

1 Tortilla-Teigfladen in Dreiecke schneiden und in dem Öl frittieren. Auf Küchenpapier abtropfen lassen und mit der Gewürzmischung bestreut servieren.

Gebackene **Oliven**

1 Taleggio-Käse und Mozzarella in Würfel schneiden. 3 Eier leicht verquirlen und mit dem Käse mithilfe des Stabmixers zu einer Creme pürieren. Die Masse in einen Spritzbeutel mit kleiner Lochtülle füllen und in die Oliven spritzen.

2 Die Milch mit dem restlichen Ei verquirlen und auf einen Teller geben. Mehl und Paniermehl ebenfalls auf Teller geben. Die gefüllten Oliven erst durch das Mehl, dann durch die Eiermasse und zuletzt durch das Paniermehl ziehen. In Öl kurz frittieren und warm servieren.

Für 4 Personen

200 g Taleggio-Käse
100 g Mozzarella
4 Eier
30 große grüne entsteinte Kalamata-Oliven
1–2 EL Milch
Mehl
Paniermehl
Öl zum Frittieren

Gebratener **Chinakohl**

1 Chinakohl waschen, putzen und in etwa 1 Zentimeter breite Streifen schneiden. Öl in einer Pfanne erhitzen und die Chinakohlstreifen kurz darin anbraten. Mit dem Zucker bestreuen.

2 Mit der Sojasauce und dem Reisessig ablöschen. Den Chinakohl auf vier Teller verteilen und warm servieren. Der gebratene Chinakohl passt zu fast allen asiatischen Gerichten.

Für 4 Personen

1 Chinakohl
Öl zum Braten
1 EL Zucker
2–3 EL helle Sojasauce
2 EL Reisessig

Knusper**schupfnudeln**
nach Großmutters Art

Für 4 Personen

250 g mehligkochende Kartoffeln
40 g Schalotten
30 g Butterschmalz
20 g Speisestärke
30 g Grieß
1 Ei
Salz
schwarzer Pfeffer, frisch gemahlen
Muskatnuss, frisch gerieben
Mehl für die Arbeitsfläche
20 g Butter

1 Die Kartoffeln waschen, als Pellkartoffeln kochen und auskühlen lassen. In der Zwischenzeit Schalotten abziehen und fein würfeln. Das Butterschmalz in einer Pfanne zerlassen und die Schalottenwürfel darin glasig dünsten.

2 Abgekühlte Kartoffeln pellen und durch den Wolf drehen. Mit den gedünsteten Schalottenwürfeln, Speisestärke, Grieß, Ei, Salz, Pfeffer und Muskatnuss mischen und zu einem glatten Teig verarbeiten.

3 Etwas Mehl auf die Arbeitsfläche streuen und den Teig darauf einige Minuten durchkneten. Etwa daumenlange und -dicke Teigstücke abdrehen und rollen. Schupfnudeln in kochendes Salzwasser geben und etwa 10 Minuten garen, bis sie nach oben steigen. Herausnehmen und gut abtropfen lassen. Vor dem Servieren in heißer Butter goldgelb anbraten und dabei nach Belieben nachwürzen.

TIPP Sie können die klassischen Schupfnudeln abwandeln, indem Sie den Kartoffelteig mit gehackten Kräutern würzen oder die Schupfnudeln vor dem Braten in Sesam, Mohn oder gehackten Nüssen wälzen. Sie passen ausgezeichnet zu Schweine-, Rinder- oder Wildbraten.

Pickled **Pfefferkirschen**

1 Kirschen waschen und entsteinen. Apfelessig, Zucker, Pfeffer, Nelken, Piment, Muskatnuss, Lorbeer, Zimt und Salz in einen Topf geben und 10 Minuten kochen lassen. Die Kirschen dazugeben und etwa 1 Minute bei geringer Hitze mitköcheln lassen.

2 Gläser mit Schraubverschluss heiß ausspülen. Die Kirschen mit den Gewürzen in die Gläser füllen, die Gläser verschließen. Die Pickled Pfefferkirschen halten sich etwa drei Monate lang und schmecken hervorragend zu unserem Schwarzfederhuhn und anderen Geflügelgerichten. Das Rezept zu Ersterem finden Sie auf Seite 128.

Für 4 Personen

1,5 kg Kirschen
750 ml Apfelessig
450 g brauner Zucker
2 TL grüne Pfefferkörner
5 Nelken
10 Pimentkörner
1 TL Muskatnuss, frisch gerieben
8 Lorbeerblätter
2 Zimtstangen
1 TL Salz

Mangosalat

1 Mangos schälen; das Fruchtfleisch in dünnen Scheiben vom Kern hobeln. Frühlingszwiebeln waschen und putzen; den weißen Teil in feine Ringe schneiden. Chilischote längs aufschneiden, entkernen, waschen und fein hacken. Limetten auspressen.

2 Mangoscheiben, Frühlingszwiebeln und Chilistückchen vermengen. Den braunen Zucker mit dem Limettensaft zu einem Dressing verrühren und über die Mango-Frühlingszwiebel-Mischung geben. Den Salat vor dem Servieren 30 Minuten durchziehen lassen.

TIPP Der Mangosalat passt sehr gut zu vielen asiatischen Gerichten, beispielsweise zu unseren Thai-Fleischbällchen in grüner Currysauce; das Rezept dazu finden Sie auf Seite 61.

Für 4 Personen

4 halbreife Mangos
2 Frühlingszwiebeln
1 Chilischote
2 Limetten
1 EL brauner Zucker

Finali

sten

Süßes
von Sylt

Sweet Dreams von Glamour Island: Lustvolle Naschereien kommen eigentlich immer gut an – und nicht nur als Abschluss eines exzellenten Menüs. Welche Versuchung darf's denn sein: Schokoladentrüffel-Tarte, Gewürzorangenragout oder Ricotta-Honig-Terrine?

Cappuccino-Traum
mit luftig leichter Sahne

Für 4 Personen

Für die Kaffeecreme

200 ml Vollmilch
80 g Zucker
100 g ganze Kaffeebohnen
100 g Kaffeepulver

Für die Eigelbmasse

6 Eigelbe
80 g Zucker

Außerdem

250 g Sahne
3 Blatt Gelatine
Kakaopulver zum Bestreuen

1 Für die Kaffeecreme Milch, Zucker und Kaffeebohnen in einen Topf geben, aufkochen und etwa 1 Stunde am Herdrand ziehen lassen. Die Masse durch ein Sieb in eine Schüssel gießen und das Kaffeepulver unterrühren. Die Kaffeebohnen entsorgen.

2 Für die Eigelbmasse Eigelbe und Zucker über dem Wasserbad erst warm aufschlagen, dann kalt weiterschlagen; es soll eine schaumige Masse entstehen. Mit der Kaffeecreme verrühren.

3 Die Sahne steif schlagen. Die Gelatine in ½ Tasse kaltem Wasser einweichen, ausdrücken und in wenig warmem Wasser auflösen. Die Sahne behutsam unter die Eigelb-Kaffeecreme rühren, anschließend die Gelatine unterheben.

4 Die Cappuccinocreme auf vier Gläser oder Cappuccinotassen verteilen und kalt stellen. Erst kurz vor dem Servieren mit Kakaopulver bestreuen.

Mousse **au chocolat**
mit Schwips

1 Eigelbe und Eier mit dem Zucker in eine Schüssel geben und über dem Wasserbad so lange warm aufschlagen, bis sich der Zucker vollständig aufgelöst hat. Die Eiermasse anschließend so lange kalt weiterschlagen, bis sie ganz erkaltet ist. Dafür die Schüssel beispielsweise auf eine zweite Schüssel mit Eiswürfeln stellen.

2 Sahne steif schlagen. Kuvertüre im Wasserbad schmelzen und unter die kalte Eiermasse rühren. Die Sahne unterheben. Mit einem kräftigen Schuss Cognac oder Rum abschmecken. Die Mousse au chocolat auf sechs bis acht Dessertschalen verteilen und bis zum Servieren 1 bis 2 Stunden kalt stellen.

Für 6–8 Personen

4 Eigelbe
2 Eier
80 g Zucker
350 g Sahne
170 g Kuvertüre
(Verhältnis Kakao zu Butter: 70:30)
1 Schuss Cognac oder Rum

Schokoladentrüffel-Tarte
mit Vanillearoma

1 Für die Tarte Mehl, Kakao, Puderzucker und Butter mit den Quirlen des Handrühr-geräts verrühren. Eigelb und 2 Esslöffel kaltes Wasser dazugeben. So lange weiterrühren, bis ein Ball entsteht, der sich vom Schüsselrand löst. Teig in Frischhaltefolie wickeln, leicht flach drücken und 30 Minuten ruhen lassen.

2 Den Teig auf der bemehlten Arbeitsfläche zu einem Kreis mit 25 Zentimetern Durchmesser ausrollen. Eine Tarteform (24 cm Ø) mit Butter einfetten und mit dem Teig auskleiden. Nochmals 30 Minuten ruhen lassen.

3 Den Ofen auf 180 °C (Umluft 160 °C, Gas Stufe 2–3) vorheizen. Teig mit Back-papier bedecken und die Hülsenfrüchte darauf verteilen. 10 Minuten im Ofen blindbacken. Hülsenfrüchte und Backpapier entfernen und die Tarte weitere 5 Minuten backen.

4 Für die Schokoladentrüffel 450 Gramm Kuvertüre mit 120 Gramm Butter im Wasserbad schmelzen. Eier, Zucker, Vanilleextrakt oder Vanillearoma und Sahne dazugeben. So lange rühren, bis sich der Zucker aufgelöst hat. Den Ofen auf 170 °C (Umluft 150 °C, Gas Stufe 2) herunterschalten.

5 Die Schokoladenmasse auf der Tarte verteilen. Etwa 15 Minuten im Ofen backen, auskühlen lassen, kalt stellen. Die restliche Kuvertüre mit der restlichen Butter im Wasserbad schmelzen und so lange abkühlen lassen, bis man sie zu Schokoröllchen drehen kann. Die Tarte mit Schokoröllchen und Schokospänen garniert und mit Kakao bestäubt servieren.

Für 6 Personen

Für die Tarte

125 g Mehl
30 g dunkles echtes Kakaopulver
80 g Puderzucker
120 g ungesalzene zimmerwarme Butter
1 Eigelb
Mehl für die Arbeitsfläche
Butter für die Form
250 g getrocknete Hülsenfrüchte zum Blindbacken

Für die Schokoladentrüffel

650 g dunkle Kuvertüre (Verhältnis Kakao zu Butter: 70:30)
170 g Butter
3 Eier
120 g Zucker
1 kleines Röhrchen Vanilleextrakt oder 1 Fläschchen Vanillearoma
75 g Sahne

Gewürzorangenragout
mit Zimt, Anis und Nelken

Für 4 Personen

500 ml kohlensäurehaltiges Mineralwasser
350 g Zucker
5 Sternanis
2 Zimtstangen
3 Nelken
12 Saftorangen

1 Mineralwasser, Zucker, Sternanis, Zimtstangen und Nelken in einen Topf geben und 20 Minuten kochen lassen. Den Gewürzsud abkühlen und 24 Stunden im Kühlschrank ziehen lassen.

2 Die Orangen schälen, dabei die weiße Haut mit entfernen, und in Scheiben schneiden. Abtropfen lassen. Die abgetropften Orangenscheiben auf vier Teller verteilen und mit dem Gewürzsud beträufeln. Vor dem Servieren noch einmal durchziehen lassen.

TIPP Zu diesem aromatischen Gewürzorangenragout passt Eis oder Parfait hervorragend. In der Weihnachtszeit bietet sich als besonders ausgefallene Kreation etwa Christstolleneis an. Sie können zum Gewürzorangenragout aber auch in Butter gebratene Brioche-Scheiben servieren. Das Gewürzorangenragout eignet sich seinerseits als Beilage zu vielen Desserts, so etwa zu Mohnstrudel oder Quarksoufflé.

Himbeer**götterspeise**
mit Vanillesauce

Für 4 Personen

Für die Himbeergötterspeise

8 Blatt rote Gelatine
500 g Himbeeren (TK)
80 g Zucker
600 ml Mineralwasser
1 Schuss Himbeergeist

Für die Vanillesauce

2 Vanilleschoten
400 g Sahne
250 ml Milch
10 Eigelbe
150 g Zucker

1 Für die Himbeergötterspeise die Gelatine in kaltem Wasser einweichen. Die Himbeeren mit dem Zucker, dem Mineralwasser und dem Himbeergeist in einen Topf geben, aufkochen und bei geringer Hitze etwa 10 Minuten weiterköcheln lassen; dabei gelegentlich den sich bildenden Schaum abschöpfen. Anschließend 1 Stunde am Herdrand ziehen lassen.

2 Die Masse in ein Leinentuch geben und ohne zu drücken in eine Schüssel tropfen lassen. Die eingeweichte Gelatine in der abgetropften Flüssigkeit auflösen, Flüssigkeit auf vier Dessertschalen verteilen und gelieren lassen.

3 Für die Vanillesauce die Vanilleschoten längs aufschneiden und das Mark herauskratzen. Schoten und Mark mit Sahne und Milch in einen Topf geben. Aufkochen und anschließend 10 Minuten sanft ziehen lassen.

4 In der Zwischenzeit Eigelbe und Zucker schaumig schlagen, bis sich der Zucker aufgelöst hat. Die Eier-Zucker-Masse in die heiße Vanillemilch geben und nur leicht erhitzen. Anschließend sofort durch ein Sieb geben. Kalt stellen und während des Erkaltens mit dem Schneebesen mehrfach durchrühren. Die Vanillesauce auf die Himbeergötterspeise gießen und servieren.

TIPP Das Himbeermark aus dem Leinentuch können Sie weiterverwenden, wenn Sie es mit Rotweinessig in eine Flasche füllen. Nach drei Wochen haben Sie einen wunderbar aromatischen Himbeeressig.

Butterscotch-Pudding
mit Vanille

1   Vanilleschote längs aufschneiden und das Mark herauskratzen. Butter und Zucker in eine kleine Pfanne geben und schmelzen. Vanilleschote und Vanillemark dazugeben und 5 Minuten unter Rühren erhitzen, bis sich alle Aromen entfaltet haben. Vanilleschote entfernen.

2   Milch und Sahne in einen Topf geben, aufkochen lassen. Die Vanillebutter unterrühren. Die Hitze reduzieren, dabei immer weiterrühren. Speisestärke und Salz mischen. Ein paar Esslöffel Milchsahne aus dem Topf nehmen und die Speisestärke-Salz-Mischung darin auflösen. In die Milchsahne geben und alles noch einmal aufkochen lassen.

3   Eigelbe cremig aufschlagen, in die Milch geben und 30 Sekunden bei geringer Hitze köcheln lassen. Vanillearoma hinzufügen und unterrühren. Die Masse auf vier Dessertschalen verteilen und 5 bis 6 Stunden – am besten über Nacht – kalt stellen.

TIPP Der Butterscotch-Pudding passt hervorragend zu Beerensalaten, Rhabarberkompott und Roter Grütze.

Für 4 Personen

1 Vanilleschote
90 g Butter
270 g brauner Zucker
1 l Milch
500 g Sahne
60 g Speisestärke
Salz
6 Eigelbe
1 Fläschchen Vanillearoma

Apfelgratin
mit Calvadosbutter und Eis

Für 4 Personen

Für das Gratin

4–6 Äpfel (z. B. Cox)
2 Eier
¼ unbehandelte Orange
¼ unbehandelte Zitrone
8 g Puderzucker
je ½ EL Apfelsaft und Calvados (für die Zubereitung in der Mikrowelle; für die Zubereitung in der Pfanne benötigen Sie je 1 EL)
½ EL Zucker zum Bestreuen

Für die Calvadosbutter

6 cl Calvados
4 EL Apfelsaft
100 g Marzipan
100 g Butter

Außerdem

4 Kugeln Vanille- oder Nusseis

1 Für das Gratin Äpfel schälen, vom Kerngehäuse befreien und in dünne Scheiben schneiden. Eier trennen, Eiweiß steif schlagen. Orange und Zitrone heiß abspülen, die Schale fein abreiben. Eigelbe mit Puderzucker zu einer schaumigen Masse schlagen. Eiweiß sowie abgeriebene Orangen- und Zitronenschale unterheben.

2 Für die Zubereitung in der Mikrowelle die Apfelscheiben mit Apfelsaft und Calvados beträufeln. Nebeneinander auf Teller legen. Mit Küchenfolie abdecken und in 20 Sekunden bei 600 Watt in mehreren Portionen angaren. Für die Zubereitung in der Pfanne die Apfelscheiben mit Calvados beträufeln. Den Apfelsaft in einer Pfanne erwärmen und die Apfelscheiben darin schwenken.

3 Für die Calvadosbutter Calvados und Apfelsaft in einen Topf geben, aufkochen. Marzipan in Bröseln dazugeben und alles heiß mit dem Stabmixer aufmixen. Die Butter mit dem Schneebesen unterrühren. Es soll eine dicksämige Masse entstehen.

4 Den Ofen auf 180 °C (Umluft 160 °C, Gas Stufe 2–3) vorheizen. Zwei Drittel der Äpfel auf vier feuerfeste Dessertschalen verteilen. Die Gratinmasse darauf geben und mit den restlichen Äpfeln belegen. Mit Zucker bestreuen. Auf der mittleren Schiene im Ofen in knapp 10 Minuten leicht bräunen lassen. Mit 1 Kugel Eis, der Calvadosbutter und nach Belieben mit einem Rosmarinzweig garniert servieren.

Aprikosensoufflé
mit Vanilleeis

1 Aprikosen waschen, halbieren und entsteinen. Die Aprikosenhälften mit 125 Milliliter Wasser in einen Topf geben und so lange kochen, bis die Aprikosen weich sind. Anschließend mit dem Stabmixer zu einem feinen Mus pürieren.

2 Eiweiß und Zucker schaumig schlagen. Das Aprikosenmus und die Hälfte des Apricot Brandy unterrühren. Mehl darüber sieben. Alles mischen. Getrocknete Aprikosen mit dem restlichen Apricot Brandy und 125 Milliliter Wasser in einen Topf geben und etwa 10 Minuten kochen, bis alle Flüssigkeit verdampft ist.

3 Den Ofen auf 190 °C (Umluft 170 °C, Gas Stufe 3) vorheizen. Eine 3 bis 4 Zentimeter hohe feuerfeste Form mit Butter einfetten und mit Zucker bestreuen. Die Aprikosenmusmasse hineingeben und die gegarten getrockneten Aprikosen darauf verteilen. 15 Minuten im Ofen backen, dabei den Ofen nicht öffnen.

4 Das Aprikosensoufflé mit 1 Kugel Vanilleeis sofort servieren. Statt Vanilleeis können Sie je nach Geschmack auch Mandel- oder anderes Nusseis – etwa Walnuss- oder Haselnusseis – oder Schokoladeneis verwenden.

Für 4 Personen

4 frische Aprikosen
7 Eiweiß
150 g Zucker
4 EL Apricot Brandy
40 g Mehl
100 g getrocknete Aprikosen
Butter für die Form
2–3 EL Zucker
4 Kugeln Vanilleeis

Tiefe Wurzeln –
Seckler »privat«

Herbert Seckler wurde einmal zu einer der regelmäßig stattfindenden öffentlich-rechtlichen TV-Diskussionen am vorgerückten Sonntagabend eingeladen. Das passiert nur Auserwählten, und mancher würde nötigenfalls barfuß von der Nordsee bis zum Berliner Fernsehstudio pilgern, nur um dabei zu sein. Doch was geschah? Der Wirt der berühmten Sansibar, den wahrscheinlich mehr Menschen erkannt hätten als manch anderen Gesprächsteilnehmer, sagte dankend ab: »Was soll ich denn da?«

Angst vor der Öffentlichkeit dürfte seine Entscheidung kaum beeinflusst haben, er hat schon in Hunderte von Kameras geguckt und auf Tausende von Fragen geantwortet. Die Sache ist eigentlich ganz simpel: Herbert Seckler hätte sich in ein Flugzeug setzen und Sylt verlassen müssen. Und genau das geht ihm gegen den Strich. »Ich fahre einfach nicht mehr weg«, hielt er einmal in einem Interview des »Zeit«-Magazins fest. »Ich weigere mich. Wer mich mag, wer mir einen Gefallen tun will, der lädt mich nicht mehr ein, der lässt mich hier.« Hier, das ist für ihn nicht nur das eigene Restaurant, sondern auch das Reetdachhaus in Rantum, wo er mit Frau und Kindern wohnt. Die Verbundenheit zur Insel muss mit der unmittelbaren Nähe zum Sylter Dünengras zusammenhängen: Es wurzelt ebenfalls sehr tief und lässt sich beim besten Willen nicht ausreißen.

Mann mit Bodenhaftung

Den schwäbischen Akzent aus seiner alten Heimat Wasseralfingen, wo er in der nahen »Erzgrube« eine Lehre als Koch absolvierte, hat er fast abgelegt. Und doch würde es ihm nicht einfallen, sich trotz seines jahrzehntelangen Aufenthalts auf der Insel als Sylter zu bezeichnen, wenngleich Sylt schon lange sein Leben ist. Er ging übrigens damals nicht auf direktem Weg in den Norden, sondern machte zunächst die

Der gebürtige Schwabe Herbert Seckler hat Sylt schon längst zu seiner Wahlheimat gemacht und fühlt sich durch die Sansibar mit der Insel verbunden – so verbunden, dass er sie am liebsten gar nicht mehr verlässt. Doch wozu sollte es ihn bei so viel Anziehungskraft auch in die Ferne ziehen?

vor allem bei jungen Köchen übliche Erfahrungstour, die ihn von Montreux über Gstaad nach St. Moritz führte.

Wenn du ihn also treffen willst, mach dich selbst auf den Weg zum Herbert, der jeden sofort und ohne Förmlichkeiten duzt. Und wenn du etwas von ihm möchtest, versuche erst gar nicht, ihn an seiner Eitelkeit zu packen. Er genießt sehr wohl seinen Erfolg und braucht erklärtermaßen auch den täglichen Beifall. »Aber in dem Moment, in dem man sich nicht wichtig nimmt, läuft man nicht Gefahr, die Bodenhaftung zu verlieren.« Wie jemand wirkt, der abgehoben ist, hat er oft genug mitbekommen. Aber es entspricht eben auch seinem Naturell, dass er so nicht sein will. Und wenn es doch einmal passiert? »Dann holt mich meine Familie sehr schnell auf den Boden zurück.« Klartext aus Erfahrung.

Seine Familie, das sind seine erste Frau Helga, die wie er aus dem Schwäbischen stammt, und vier Kinder. Da das Unternehmen namens Sansibar immer noch ein Familienbetrieb ist und sich dabei zu einem erfolgreichen Handelskonzern entwickelt hat, arbeiten die beiden ältesten Mädchen auch im Service selbstverständlich mit.

90 Prozent seiner Energie steckt Herbert Seckler gewohnheitsmäßig Tag für Tag ins Restaurant. »Ich könnte mir das Leben ruhiger machen. Ich habe ein fantastisches Team, aber irgendwo brauche ich das auch«, sagt er. »Jeder Tag, den ich nicht hier bin, ist ein verlorener Tag. Und so viele Tage habe ich vielleicht nicht mehr.« Es gibt noch einen zweiten Außenborder, der permanent mitläuft: »Ich hab im Prinzip eine krankhafte Existenzangst.«

»Mehr geht nicht«

Für Durchschnittliches und Flüchtiges ist ihm seine Zeit zu schade. Bei seiner Arbeit zeigt er sich qualitätsversessen, entscheidet ohne einen Vorstand im Rücken oft spontan und meist aus dem Bauch

heraus, von Managementstrategien und Meetings will er nichts wissen. Gespreiztes Businessgetue ist ihm fremd, und in seinem generellen Outfit –Jeans und offenes sportliches Hemd – unterscheidet er sich optisch nicht von seinen Gästen. Er lebt etwas vor, das letzten Endes das Ergebnis bestimmt: »Unser Erfolg kommt durch die Menschen.«

Allen begegnet er auf Augenhöhe, hat für jeden und alles ein offenes Ohr und immer einen Witz auf den Lippen. Unterschiede zwischen reich und arm, berühmt und unbekannt sind ihm schnuppe: »Ich behandle alle gleich.« Eine Handvoll Leute, darunter auch der von ihm sehr geschätzte Gunter Sachs, machen in diesem Zusammenhang eine kleine Ausnahme.

Der ansonsten unbestechliche Herbert Seckler hat aber auch seine Schwachpunkte: Christstollen – »für mich das Highend-Produkt überhaupt«. Oder aber man korrumpiert ihn mit seinem Lieblingsgericht, Griebeschneckle. Der Schmackofatz aus dem Schwabenland

Zwei wie Salz und Pfeffer: Vertrauensvoll hat Herbert Seckler das Küchenmanagement der Sansibar in die fähigen Hände von Axel Henkel gelegt. Am Herd steht Seckler selbst nur noch selten, um das Wohl seines Teams und seiner Gäste kümmert er sich aber nach wie vor mit Engagement und Leidenschaft. Denn er weiß: Ein Erfolgsunternehmen wie die Sansibar kann nur funktionieren, wenn sich Mitarbeiter und Gäste gleichermaßen gut aufgehoben fühlen.

ist Nahrung für Gipfelstürmer und leicht zubereitet: Geriebene Kartoffeln vom Vortag mit Mehl, Salz und Ei zu einem gleichmäßigen Teig vertreten und in Bahnen ausrollen. Griebenschmalz aufstreichen, aufrollen und die Rollen senkrecht nebeneinander in einen Topf stellen. Dann mit Sahne oder Milch aufgießen und im Ofen backen, bis die Flüssigkeit aufgesogen ist. Dazu passt Sauerkraut. Und so hört sich das höchste Lob an, das man von Herbert Seckler überhaupt erwarten darf: »Mehr geht nicht.«

Knusper**schnitte**
mit Honigcreme und Rhabarberpüree

Für 8 Personen

Für die Honigcreme
1 unbehandelte Zitrone
500 g Mascarpone
3 EL Honig, am besten Thymianhonig
1 EL lösliches Kaffeepulver

Für das Rhabarberpüree
500 g Rhabarber
200 g Zucker

Außerdem
125 ml flüssige, geklärte (wichtig!)
Butter (siehe S. 122)
5 Blätter Filoteig
100 g Zucker
Puderzucker zum Bestäuben

1 Für die Honigcreme Zitrone heiß abspülen, die Schale fein abreiben. Mascarpone, Honig und lösliches Kaffeepulver verrühren und mit der abgeriebenen Zitronenschale vermengen.

2 Für das Rhabarberpüree den Rhabarber waschen. Die Fäden abziehen und den Rhabarber in kleine Stücke schneiden. Mit dem Zucker und 3 Esslöffeln Wasser in einen Topf geben und in 5 bis 7 Minuten weich kochen. Mit dem Stabmixer grob pürieren, kalt stellen.

3 Den Ofen auf 180 °C (Umluft 160 °C, Gas Stufe 2–3) vorheizen. Ein Backblech mit der geklärten Butter einfetten. Nun fünf Lagen herstellen: 1 Blatt Filoteig auf das Backblech legen, mit Butter bepinseln und mit Zucker bestreuen. Den Vorgang viermal wiederholen. Mit einem sehr scharfen Messer acht gleichmäßige Stücke zuschneiden, dabei den Teig ganz durchschneiden. Die acht Teigstapel 7 bis 8 Minuten im Ofen backen. Herausnehmen und abkühlen lassen.

4 Die Filoteiglagen einzeln aus dem Backblech heben und nebeneinanderlegen. Nun wieder fünf Lagen herstellen: Auf jedem Teigblatt etwas Honigcreme verteilen und darauf etwas Rhabarberpüree geben. Den Vorgang viermal wiederholen. Mit Puderzucker bestäubt servieren.

Ricotta-Honig-Terrine
mit pochiertem Pfirsich

1 Eigelbe in einer größeren Schüssel leicht verquirlen. Sahne steif schlagen. Honig in eine kleine Pfanne geben und stark erhitzen. Auf die verquirlten Eigelbe geben und so lange kalt schlagen, bis sich die Masse verdoppelt hat. Den Ricotta aufschlagen und mit der Schlagsahne unter die Honigmasse heben. Für 6 bis 8 Stunden ins Tiefkühlfach stellen.

2 Pfirsiche waschen; die Haut einritzen, an der Blüte einen Kreuzschnitt anbringen. Pfirsiche für 3 bis 4 Sekunden in kochendes Wasser geben. Abgießen, kalt abspülen und häuten. Vanilleschote längs aufschneiden und das Mark herauskratzen. Schote und Mark mit Riesling, Zucker und Zitronensaft in einen Topf geben, aufkochen. Die Pfirsiche in den Weinsud geben. Etwa 10 Minuten bei geringer Hitze sanft kochen, anschließend im Sud auskühlen lassen.

3 Die Pfirsiche aus dem Sud nehmen und auf vier Teller verteilen. Von der Ricotta-Honig-Terrine mit dem Löffel Nocken abstechen und zu den Pfirsichen legen.

Für 4 Personen

8 Eigelbe
600 g Sahne
300 g Tannenhonig
200 g Ricotta
4 sehr reife, am besten weiße Pfirsiche
1 Vanilleschote
500 ml Riesling
50 g Zucker
1 EL Zitronensaft, frisch gepresst

Pfirsich-Sabayon
mit Pistazieneis

Für 4 Personen

4 sehr reife, am besten weiße
Pfirsiche in der Größe einer Eiskugel
1 Vanilleschote
500 ml Riesling
100 g Zucker
1 EL Zitronensaft, frisch gepresst
4 Eigelbe
4 Kugeln Pistazieneis

1 Pfirsiche waschen; die Haut einritzen, an der Blüte einen Kreuzschnitt anbringen. Pfirsiche für 3 bis 4 Sekunden in kochendes Wasser geben. Abgießen, kalt abspülen und häuten.

2 Vanilleschote längs aufschneiden und das Mark herauskratzen. Schote und Mark mit dem Riesling, der Hälfte des Zuckers und dem Zitronensaft in einen Topf geben, aufkochen. Die Pfirsiche in den Weinsud geben. Etwa 10 Minuten bei geringer Hitze sanft kochen, anschließend im Sud auskühlen lassen. Es sollten sich 250 Milliliter Sud ergeben.

3 Den Pfirsichsud mit den Eigelben und dem restlichen Zucker in eine Schüssel geben und über dem heißen Wasserbad schaumig aufschlagen, bis eine luftige Creme entsteht. Die Creme auf vier Teller verteilen, die Pfirsiche darauf setzen und mit je 1 Kugel Pistazieneis servieren. Nach Belieben mit Minze und gezuckerten Roten Johannisbeeren garnieren. Der Pfirsich-Sabayon passt auch zu vielen Süßspeisen aus dem Ofen.

Gebackene **Käsebeutel**
mit Fruchtsalat

1 Für die Füllung das Eiweiß verquirlen. Den Roquefort mit einer Gabel zerdrücken und mit dem Frischkäse und der Crème fraîche verrühren. Eiweiß, Ingwer und Eier unterrühren. Zucker, Speisestärke und Zimt dazugeben und ebenfalls verrühren. Füllung kalt stellen.

2 Für den Fruchtsalat Erdbeeren waschen, putzen und in feine Würfel schneiden. Ananas ebenfalls fein würfeln. Erdbeeren, Ananas und Minze vermengen. Den Zucker mit dem Limettensaft zu einem Dressing verrühren und über den Fruchtsalat träufeln.

3 Das restliche Eiweiß leicht verquirlen. Die Teigblätter nebeneinander ausbreiten und in die Mitte jedes Teigblatts je 1 Esslöffel der Käsefüllung geben. Den Rand der Blätter mit Eiweiß bepinseln. Blätter zu Säckchen wie Dim Sums formen und in dem heißen Öl etwa 3 Minuten frittieren. Den Fruchtsalat auf vier Teller verteilen und die Käsesäckchen daran setzen.

TIPP Zu diesem fruchtig-pikanten Dessert passt Litschisorbet aus dem Feinkostgeschäft oder Ingwercreme mit Limetten und Crème fraîche.

Für 4 Personen

Für die Füllung

1 Eiweiß
80 g Roquefort (oder ein anderer Blauschimmelkäse)
80 g Frischkäse
1 EL Crème fraîche
1 Messerspitze fein gehackter Ingwer
2 Eier
6 EL Zucker
2 EL Speisestärke
½ TL Zimtpulver

Für den Fruchtsalat

12 Erdbeeren (oder andere Beeren der Saison)
2 Scheiben frische Ananas
1 EL gehackte Minze
2 EL brauner Zucker
1 EL Limettensaft, frisch gepresst

Außerdem

1 Eiweiß
8 Blätter Frühlingsrollenteig, 15 x 15 cm
1 l Öl zum Frittieren

Süße **Bruschetta**
mit Pflaumen, Vanille und Zimt

Für 4 Personen

500 g Pflaumen
2 Vanilleschoten
200 g brauner Zucker
1 TL Zimtpulver
100 g Butter
1 unbehandelte Zitrone
pro Person 2–3 Scheiben Brot
(dunkles Baguette oder Tramezzini)
125 g Crème fraîche

1 Pflaumen waschen, halbieren und entkernen. Vanilleschoten längs aufschneiden und das Mark herauskratzen. Vanillemark mit Zucker und Zimt mischen. Den Ofen auf 190 °C (Umluft 170 °C, Gas Stufe 3) vorheizen.

2 Eine feuerfeste Form mit etwas Butter einfetten, noch nicht erhitzen. Pflaumen mit der Schale nach unten auf die noch kalte Butter setzen. Mit der Hälfte der Vanille-Zucker-Mischung bestreuen und 15 Minuten im Ofen backen.

3 Zitrone heiß abspülen und vierteln. Die Brotscheiben mit der restlichen Butter bestreichen und mit der restlichen Vanille-Zucker-Mischung bestreuen. Die Pflaumen etwas beiseite schieben und das Brot mit der gezuckerten Seite nach unten neben die Pflaumen legen. Die Pflaumen anschließend auch auf dem Brot verteilen und die Zitronenviertel darauf legen. Nochmals 15 Minuten im Ofen backen und mit der Crème fraîche servieren.

TIPP Wer es gerne noch süßer mag, kann statt der Crème fraîche Vanilleeis dazu servieren. Sie können die Bruschetta auch mit gerösteten Mandelblättchen bestreuen.

Crêpes **Sliwowitz**
mit Pflaumenmusfüllung

1 Für die Crêpes das Pflaumenmus mit dem Sliwowitz verrühren. Milch und Sahne in einen Topf geben und leicht erwärmen, die Butter in einem zweiten Topf zerlassen. Eier und Eigelb leicht verquirlen. Mehl und Puderzucker in eine Schüssel sieben und vermengen. Milchsahne, zerlassene Butter und Eiermasse dazugeben und alles gut verrühren. Den Teig 2 Stunden ruhen lassen.

2 Für die Gratinmasse Vanilleschote längs aufschneiden und das Mark herauskratzen. Sahne steif schlagen. Die Eigelbe mit dem Zucker schaumig schlagen. Das Vanillemark dazugeben und die Sahne unterheben.

3 Die Butter portionsweise in einer beschichteten Pfanne erhitzen und aus dem Crêpes-Teig acht dünne Pfannkuchen darin ausbacken. Die Pfannkuchen erkalten lassen. Nach dem Erkalten die Crêpes mit dem Sliwowitz-Pflaumenmus bestreichen und zusammenrollen.

4 Den Ofen auf 200 °C (Umluft 180 °C, Gas Stufe 3–4) vorheizen. Eine feuerfeste Form einfetten und die Crêpes nebeneinander hineinlegen. Die Gratinmasse darüber geben und die Crêpes 10 bis 15 Minuten im Ofen überbacken.

Für 4 Personen

Für die Crêpes

350 g Pflaumenmus
4 cl Sliwowitz
325 ml Milch
25 g Sahne
30 g Butter
2 Eier
1 Eigelb
90 g Mehl
100 g Puderzucker
20 g Butter zum Ausbacken

Für die Gratinmasse

1 Vanilleschote
500 g Sahne
4 Eigelbe
1 EL Zucker

Vanille-Birnen-Tarte
mit Ziegenkäse

Für 4 Personen

2 Vanilleschoten
4 aromatische, eher feste Birnen
70 g Butter
110 g brauner Zucker
1 TL Weißweinessig
400 g Blätterteig (TK)
40 g Paniermehl
150 g Ziegenkäserolle
750 ml Pflaumensaft

1 Vanilleschoten längs aufschneiden und das Mark herauskratzen. Birnen waschen und schälen, vom Kerngehäuse befreien und jeweils in 6 bis 8 dünne Scheiben schneiden. 50 Gramm Butter in einen Topf geben und zerlassen. Die Vanilleschote hineingeben, Zucker und Vanillemark unterrühren. Die Birnen darin glasieren. Mit dem Essig ablöschen und alles 5 Minuten simmern lassen. Birnen herausnehmen, Flüssigkeit erkalten lassen.

2 Den Blätterteig bei Zimmertemperatur leicht antauen lassen. Den Ofen auf 250 °C (Umluft 200 °C, Gas Stufe 4–5) vorheizen; wenn die Temperatur erreicht ist, auf 220 °C (Umluft 200 °C, Gas Stufe 4) herunterschalten. Blätterteig so ausrollen, dass er in eine Tarteform (26 cm Ø) passt. Die Tarteform mit der restlichen Butter einfetten, den Blätterteig hineinlegen und mit dem Paniermehl bestreuen. Birnen dachziegelartig einschichten und die Tarte 20 Minuten im Ofen backen.

3 Den Ziegenkäse zerbröseln, auf die Birnen streuen und die Tarte nochmals 10 Minuten im Ofen backen. In der Zwischenzeit den Pflaumensaft in einen Topf geben und bis zum Sirup einkochen lassen. Die Tarte aus dem Ofen nehmen und mit dem Pflaumensirup beträufelt servieren.

Register

Zutatenregister

Impressum

© 2010 Südwest Verlag, einem Unternehmen der Verlagsgruppe Random House GmbH, 81637 München

– Alle Rechte vorbehalten –

Die Verwertung der Texte und Bilder, auch auszugsweise, ist ohne Zustimmung des Verlags urheberrechtswidrig und strafbar. Dies gilt auch für Vervielfältigungen, Übersetzungen, Mikroverfilmung und für die Verarbeitung mit elektronischen Systemen.

Hinweis

Die Ratschläge in diesem Buch sind von Autoren und Verlag sorgfältig erwogen und geprüft, dennoch kann eine Garantie nicht übernommen werden. Eine Haftung der Autoren bzw. des Verlags und seiner Beauftragten für Personen-, Sach- und Vermögensschäden ist ausgeschlossen.

Der Ko-Autor Martin Lagoda, Jahrgang 1952, machte nach mehreren Jahren als Redakteur bei Tageszeitungen sein Koch-Hobby zum Beruf: Er ging als Küchenredakteur zum Magazin »Der Feinschmecker«, baute bei »Living at Home« das Food-Ressort mit auf und war Chefredakteur verschiedener Food-Zeitschriften, u. a. von »essen & trinken«. Heute schreibt er als freier Autor Bücher und Zeitschriftenartikel.

Der Koch Axel Henkel stellte die Rezepte zusammen. Mit der Haute Cuisine kam der 1951 geborene Bielefelder erstmals in Hamburg in Berührung: Nach seiner Zeit im Landhaus Scherrer betrieb er zusammen mit Werner Henssler nacheinander die überaus populären Restaurants Le Delice, Petit Delice und das Zeik.

Der Fotograf Nikolai Buroh wurde 1967 in Hamburg geboren. Er ist verheiratet, hat drei Töchter und arbeitet seit mehr als 15 Jahren als freier Food- und Still-Life-Fotograf. Ob werblich, redaktionell oder für Kochbücher – mit viel Engagement setzt sich der kreative, humorvolle Tüftler mit jedem Motiv auseinander und überlegt sich stets Lösungen, die er in seinem Stil situationsangepasst umsetzt.

 Wir danken für die freundliche Unterstützung der Zeitschrift Gala, Norddeutsche Verlagsgesellschaft mbH, Hamburg.

FSC

Mix
Produktgruppe aus vorbildlich bewirtschafteten Wäldern und anderen kontrollierten Herkünften
Zert.-Nr. SGS-COC-001425
www.fsc.org
© 1996 Forest Stewardship Council

Bildnachweis

Alle Bilder stammen von Westermann Studios GbR
Fotografie Nikolai Buroh
Foodstyling PIO
Styling Anja Buroh
Assistenz Nina Hollenbeck

Mit Ausnahme von: Arnt Haug/www.arnt-haug.de: 6/7u.re.; Archiv Nikolai Buroh: 6/7 u.li., 16 o.re., 19 li., 65 li., 75 groß, 76 groß u. klein, 116 li. u. re., 117 klein, 175 re.; Fotolia/RF: 8/9 (Engels), 94 li. (P. Baer), 94 re. (Piroschka), 142 Mi. (N.N.); Hansen Jan-Dirk, München: 10/11 groß, 12/13, 19 re., 26 Mi., 27 groß, 29 Mi., 95 groß, 172 li., 173 klein, 174/175 groß, 175 Mi., 186/187; Imago Stock&People, Berlin: 142 re.(Imagebroker); Istockphoto/RF: 6/7 Möwe (Krüttgen), o. (D. Spears), 26 li. (M. Eckmiller), 26 re. (N.N.), 27 klein (N.N.), 28/29 groß (T. Helbig), 29 li. (A. Weber), 77 Mi. (N.N.), 77 2.v.re. (Walls), 94 Mi. (I. Nielsen); Photodisc/RF: 77 re.; picturealliance, Frankfurt: 116 Mi. (dpa).

Impressum

Redaktions- und Projektleitung Susanne Kirstein

Layout, DTP, Gesamtproducing
v*büro – Jan-Dirk Hansen, München

Redaktion Dr. Ulrike Kretschmer, München

Bildredaktion Sabine Kestler

Korrektorat Susanne Langer

Umschlaggestaltung v*büro – Jan-Dirk Hansen, München

Reproduktion PrePrint Produktion Zoran Dietner, München

Druck und Verarbeitung
Mohn media Mohndruck GmbH, Gütersloh

Printed in Germany

Mein Ratgeberportal www.villavitalia.de

Verlagsgruppe Random House FSC-DEU-0100

Das für diesen Titel verwendete FSC-zertifizierte Papier *Profisilk* wurde produziert von Sappi Alfeld und geliefert durch die IGEPA.

ISBN 978-3-517-08611-8
9817 2635 4453 62